# 個性ハッケン！

—50人が語る長所・短所—

監修 田沼茂紀

## 2. 未来をつくる

## はじめに

# あなたの個性《こせい》は、心の中にあります

　みなさんは、自分の個性《こせい》について、考えたことがありますか。「自分には何の個性《こせい》もない」と卑屈《ひくつ》になったり、「自分の個性《こせい》を発揮《はっき》できる人はいいな」とうらやんだり、だれしも自分の「個性《こせい》」について、考えなやんだことがあるのではないでしょうか。

　あなたの個性《こせい》は、ほかの人にどう映《うつ》っているのでしょう。あなたの個《こ》性《せい》は、他人からは見えているのでしょうか。

　大丈夫《だいじょうぶ》。個性《こせい》のない人などいません。あなたがあなた自身である限《かぎ》り、個性《こせい》はしっかりとあなたの心の中にあり、それはいつでも輝《かがや》いています。ただ、あなた自身が、その個性《こせい》に気づいているかどうか、それが問題です。

　個性《こせい》は、形あるものとちがって、目で確《たし》かめることも、手でつかむことも、ほかの人に自信《じしん》を持って説明《せつめい》することもできません。それでも、個性《こせい》はまちがいなく人それぞれにあります。

　大切なことは、それに気づき、大切に育み、大きく開花させようとする心を、自分自身が持っているかどうかです。

　明日の未来《みらい》を「かけがえのない尊在《そんざい》」として生きるみなさん、どうぞ、自分の中にある「個《こ》性《せい》」を大切に育ててほしいと願《ねが》っています。

國學院大學教授《こくがくいんだいがくきょうじゅ》
田《た》沼《ぬま》茂《しげ》紀《き》

# この本の見方・使い方

この本では、登場する人物の長所と短所を、仕事や生き方とともに紹介《しょうかい》しています。シリーズ全体で 50 人が、同じテーマについて語っているので、読むことで多様な考え方に触《ふ》れられます。

## 長所・短所

登場する人物がインタビューで語った自分の長所・短所が、ひとめでわかります。

## プロフィール

その人がどんな人物なのか、くわしい紹介《しょうかい》を読んでみましょう。

## 話してハッケン!

インタビューをもとに、キャラクターが自分や友達《ともだち》のことを考える話し合いを展開《てんかい》します。

## 読んでみよう! 行ってみよう!

登場する人物に関《かん》する本や、場所を紹介《しょうかい》しています。

## みなさんへ

登場する人物から、みなさんへのメッセージです。

## 他《ひ》人《と》から見ると!?

登場する人物が、身近な人からどんな性格《せいかく》だと思われているのか、紹介《しょうかい》しています。

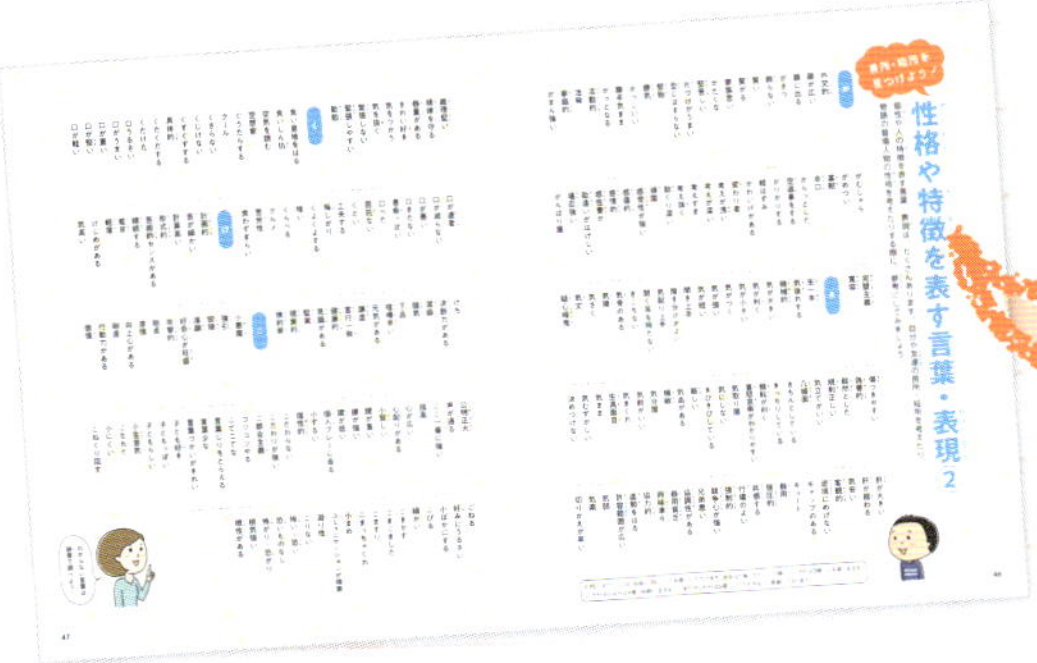


## 性格《せいかく》や特徴《とくちょう》を表す言葉・表現《ひょうげん》!

46 ~ 47 ページは、性格《せいかく》や長所・短所を表す言葉の一覧《いちらん》です。1 ~ 5 巻《かん》に、五《ご》十音順《じゅうおんじゅん》で約《やく》 1000 語を掲載《けいさい》しています。

※46~47ページは、自由にコピーしてお使いいただけます。

# 個性ハッケン!

—— 50人が語る長所・短所 ——

## 2.未来をつくる

## もくじ


### 中西和嘉《なかにしわか》さん

化学者

長所 楽観的《らっかんてき》、適応力《てきおうりょく》がある

短所 人の気持ちに寄《よ》りそえない

➡14ページ

### 南海音子《みなみみねこ》さん

ロケット開発者

長所 がまん強く努力《どりょく》を続《つづ》ける

短所 必要《ひつよう》ないと思うとサボる

➡6ページ

### 伊藤博之《いとうひろゆき》さん

実業家

長所 考え続《つづ》けられる

短所 考えすぎる

➡18ページ

### 高橋智隆《たかはしともたか》さん

ロボットクリエイター

長所 こだわりが強い

短所 妥協《だきょう》できずに苦労《くろう》する

➡10ページ

### 垣内俊哉《かきうちとしや》さん

経営者《けいえいしゃ》

長所 細かいところによく気がつく

短所 不安《ふあん》で落ち着けなくなる

➡22ページ

## 広津崇亮《ひろつたかあき》さん

理学博士《りがくはくし》

長所　好奇心《こうきしん》が強い、前向き

短所　変《か》わり者

➡38ページ

## 上川《かみかわ》あやさん

地方議員《ちほうぎいん》

長所　人に共感《きょうかん》し協力《きょうりょく》する

短所　マイペース

➡26ページ

## 川上和人《かわかみかずと》さん

鳥類学者《ちょうるいがくしゃ》

長所　興味津々《きょうみしんしん》、楽しく生きる

短所　器用貧乏《きようびんぼう》、あきっぽい

➡42ページ

## 妹島和世《せじまかずよ》さん

建築家《けんちくか》

長所　忍耐《にんたい》強い、明るい

短所　わかりやすく話すのが苦手

➡30ページ

## 磯野謙《いそのけん》さん

自然《しぜん》エネルギー開発

長所　おおらかで打たれ強い

短所　細かいことをやるのが苦手

➡34ページ

ロケット開発者

# 南《みなみ》海《み》音《ね》子《こ》さん

長所　がまん強く努力《どりょく》を続《つづ》ける

短所　必要《ひつよう》ないと思うとサボる

# 「みんなと同じことをするのがチームワークではない」

## 星空を見てあこがれた宇宙《うちゅう》とかかわる仕事

子どものころからずっと宇宙《うちゅう》にあこがれていたわたしは、大学生のときに宇宙開発事業団《うちゅうかいはつじぎょうだん》（NASDA《ナスダ》）。現在のJAXA《ジャクサ》[※1]の入社試験《しけん》があることを知りました。「そこで働《はたら》きたい！　人工衛星《えいせい》にかかわる仕事がしたい！」と、一生懸命《いっしょうけんめい》勉強しました。がまん強く努《ど》力《りょく》を続《つづ》けられることは、わたしの長所です。そのかわり、自分が必要《ひつよう》ないと思ったことは、すぐ手ぬきしてサボるし、気が向かないことはやらない。そこが短所ですね。めんどうくさいと思って横着していたら、まわりの人に指摘《してき》されたこともあります。

わたしが宇宙《うちゅう》に興味《きょうみ》を持ったのには、生まれ育った環境《かんきょう》がかかわっています。

わたしは、小笠原諸島《おがさわらしょとう》の父島《ちちじま》というところで生まれ育ちました。晴れた夜には、島のどこからでもきれいな星空が見え、人工衛星《えいせい》がすうっと動いているのを、自分の目で見たこともあります。父島《ちちじま》にはロケットの飛《と》ぶ様子を確《たし》かめるための基地局《きちきょく》[※2]があり、子どものころのわたしは、施設《しせつ》にある大きなアンテナを見て、「かっこいいなぁ」と目をキラキラさせていました。

また、わたしが小さかったころの父《ち》島《じま》は、何とテレビはビデオ放送でした。そんな生活が変《か》わったのは、小学校二年生のとき。人工衛星《えいせい》から電波を送る衛星《えいせい》放送が始まったのです。人工衛星《えいせい》のおかげで、それまでは見られなかった生放送の番組が見られるようになりました。

## 期待とはちがう仕事でも努力《どりょく》を続《つづ》ける

努力《どりょく》が実り、NASDA《ナスダ》で働《はたら》くことが決まったときは、「人工衛星《えいせい》の開発を担当《たんとう》するのかな」「人工衛星《えいせい》を使っていろいろな実験《じっけん》をするのかな」と、

## プロフィール

1976年東京都《とうきょうと》生まれ。宇宙航空研究開発機構《うちゅうこうくうけんきゅうかいはつきこう》（JAXA《ジャクサ》）のエンジニア。H-ⅡA《エイチツーエイ》、H《エイチ》-ⅡB《ツービー》、イプシロンロケット[※3]などに搭載《とうさい》される電子機器《きき》の開発にたずさわる。

提供：JAXA

2018年1月18日に打ち上げられたイプシロンロケット3号機。

※1 宇宙航空研究開発機構《うちゅうこうくうけんきゅうかいはつきこう》（JAXA《ジャクサ》）……日本の宇宙開発利用《うちゅうかいはつりよう》を技術《ぎじゅつ》で支《ささ》えている国立研究開発法人《ほうじん》。　※2 基地局《きちきょく》……現在《げんざい》のJAXA《ジャクサ》小笠原追跡所《おがさわらついせきしょ》。

※3 イプシロンロケット……日常的《にちじょうてき》に使えることをめざしてつくられた固体燃料《こたいねんりょう》ロケット。打ち上げのシステムや運用コストが従来《じゅうらい》のロケットより効率化《こうりつか》されている。

のん気にワクワクしていました。ところが、任《まか》されたのは人工衛星《えいせい》を宇宙《うちゅう》に届《とど》けるためのロケットの電子機器《きき》の開発。「やりたかったこととちがう」と、少しがっかりしましたが、「ロケットもきっとおもしろいのだろうな」と、すぐに新しい興味《きょうみ》がわいてきました。

　初《はじ》めは、わからないことだらけでしたが、質問《しつもん》したり、こっそり本を読んだりして勉強し、じょじょに成長《せいちょう》していきました。やると決めたらちゃんとやる！　これもわたしの長所です。

## 「みんなとちがう」は悪いことじゃない

　ロケットを製造《せいぞう》し始めてから打ち上げるまでには、たくさんの専門家《せんもんか》やスタッフがかかわるので、「チームワーク」がとても重要《じゅうよう》です。チームワークというのは、みんなが同じことを考え、同じことをやるという意味ではありません。

　人とちがうアイディアや、専門家《せんもんか》だからこそ見つけられる問題点などをしっかりみんなに伝《つた》えて、いっしょに目標《もくひょう》に向かって取り組むこと。それがわたしたちのチームワークです。

「みんなとちがう」ことは、悪いことではありません。実際《じっさい》、ロケットに何か問題が起きたときは、みんなとちがう発想を持った人が、解決策《かいけつさく》を導《みちび》き出してくれることが多いのです。

　立場のちがうたくさんの人たちと仕事をするので、ときには意見が対立することもあります。打ち上げを成功《せいこう》させるという共通《きょうつう》の目標《もくひょう》のもと、協力《きょうりょく》し合うのはもちろんですが、相手の言うことを聞いてばかりではいられません。エンジニアとして、JAXA《ジャクサ》の職《しょく》員《いん》として、ゆずれない部分はしっかり意見を主張《しゅちょう》します。

## 自分が変《か》わることで世界が広がっていく

　目立つことが苦手だった子どものころのわたしが、他人とビシビシ意見をかわすいまのわたしを見たら、きっとおどろくことでしょう。自分が変《か》わっ

提供：JAXA

南《みなみ》さんが開発にたずさわっているイプシロンロケットの打ち上げ場のある、鹿児島県《かごしまけん》の内之浦宇宙空間観測所《うちのうらうちゅうくうかんかんそくじょ》（左写真）。「施設《しせつ》の一部は見学もできるんですよ」と語る南《みなみ》さん（上写真）。

ていくことは、よいことだと思います。大人になるにつれて、自分を変《か》えなければ、自分が苦しくなることさえあるからです。

みなさんは「一度決めたことを変《か》えちゃいけない、あきらめちゃいけない」と教わっているかもしれません。

確《たし》かにそれは大事なことですが、うまくいかないことを乗りこえて、がんばっていくうちに、自分の中の「正しさ」や「楽しさ」が変《か》わることもあります。変《か》わることで見えてくる世界が広がり、楽しさやうれしさも広がっていくのです。

## 関係《かんけい》なさそうなことが将来《しょうらい》、役に立つことも

わたしが開発にたずさわっている将来《しょうらい》のイプシロンロケットは、現在《げんざい》のイプシロンロケットとくらべ、かかるお金も人も少なくすることをめざしています。地球や宇宙《うちゅう》の観測《かんそく》、惑星《わくせい》の探査《たんさ》、新しいサービスのための小型衛星《こがたえいせい》の打ち上げなどをもっと手軽にできるようにして、「宇宙《うちゅう》行きの小型《こがた》トラック」のようになればと考えています。

この先、世界各国《かっこく》が協力《きょうりょく》して月や火星に基地《きち》を建《た》てるかもしれませんし、どこかの会社が独自《どくじ》の放送衛星《えいせい》や人工衛星《えいせい》を打ち上げて、新しいサービスを始めるかもしれません。

みなさんの得意《とくい》なことが、いまは宇宙《うちゅう》に関係《かんけい》なさそうでも、将来《しょうらい》、宇宙《うちゅう》開発や宇宙《うちゅう》ビジネスにつながる可能性《かのうせい》があります。

宇宙《うちゅう》へのチャレンジには、お手本もなく、新しいものを一から考えて挑《いど》むものもあります。JAXA《ジャクサ》のメンバーは、みんなきっと、「だれもやっていないことをやってみたい。チャレンジしてみたい」という気持ちを胸《むね》に秘《ひ》めているのだと思います。

## 話してハッケン！

ソラ：サッカーもさ、みんな同じポジションじゃ、勝てないもんな。

トモ：勝つという目標《もくひょう》は同じでも、やることはちがうということ？

ソラ：そうそう。あ〜、サッカーが宇宙《うちゅう》開発にもつながればいいのに。

アキ：意外とつながるかもしれないよ。挑戦《ちょうせん》！　挑戦《ちょうせん》！

## 行ってみよう！

### 「筑波《つくば》宇宙《うちゅう》センター」

提供：JAXA

展示館《てんじかん》「スペースドーム」では、実物大の人工衛星《えいせい》や本物のロケットエンジン、日本実験棟《にっぽんじっけんとう》「きぼう」※の実物大モデルなどが見学できる。

住所：茨城県つくば市千現2-1-1

## 南《みなみ》さんからみなさんへ

「みんなとちがうこと」と同じくらい「みんなと同じこと」もいいことです。それは「みんなと合わせることができる」という長所でもあるからです。それに、長所や短所がすぐにわからなくても、それは少しもおかしなことではないですよ。

※日本実験棟《にっぽんじっけんとう》「きぼう」……国際宇宙《こくさいうちゅう》ステーション（ISS《アイエスエス》）に設置《せっち》された、日本初《にほんはつ》の有人実験施設《ゆうじんじっけんしせつ》。

ロボットクリエイター

# 高《たか》橋《はし》智《とも》隆《たか》さん

長所　こだわりが強い

短所　妥協《だきょう》できずに苦労《くろう》する

# 「ユニークな夢《ゆめ》ほど成功《せいこう》する確率《かくりつ》が高い」

## やっかいな短所が仕事の完成度《かんせいど》を上げる

ぼくはこだわりが強い。それが、長所でも短所でもあります。子どものころのお絵かきは、たいていまず画用紙の真ん中に地平線を引いて、それから空に太陽や飛行機《ひこうき》、地面に車や人をかく。そして、その線が少しでも曲がっていると、画用紙をくしゃくしゃにしてポイ。それが続《つづ》いてかんしゃくを起こし、母におこられていました。

いまでも、こだわりが強いせいで、変《へん》に時間がかかったり、人と意見が食いちがったりしてしまう、なかなかやっかいな短所です。でも、だからこそ完成度《かんせいど》の高いロボットがつくれるのです。細かいこだわりによって、ほかの人が気づいていない課題《かだい》を見つけ、ほり下げて研究に没頭《ぼっとう》できる。だから、長所でもあるのです。

## やりたいけどできないそれはチャンス!

ロボットクリエイターとして心がけているのは、まず「自分がほしいロボットをつくる」ということです。自分のほしいものができたら自分がうれしいし、案外《あんがい》「じつは、わたしもこういうのがほしかったんだ」と使ってくれる人もいます。自分のためにつくったのに、気がついたらいろいろな人が喜《よろこ》んでいるのです。

自分がほしいものをつくりたいと思うようになった原点は、子ども時代にあります。ぼくの両親は、「合体ロボ」などのおもちゃを買ってくれませんでした。かわりに買ってくれたのは、「レゴブロック」です。ぼくは、しかたなくレゴで飛行機《ひこうき》やロボットなどをつくっ

### プロフィール

1975年京都府《きょうとふ》生まれ。株式会社《かぶしきがいしゃ》ロボ・ガレージ社長、東京大学《とうきょうだいがく》先端《せんたん》科学《かがく》技術《ぎじゅつ》研究《けんきゅう》センター特任《とくにん》准教授《じゅんきょうじゅ》、大阪電気通信大学《おおさかでんきつうしんだいがく》情報学科《じょうほうがっか》客員教授《きゃくいんきょうじゅ》、ヒューマンアカデミーロボット教室アドバイザー。

高橋《たかはし》さんが手がけた、乾電池《かんでんち》を動力源《どうりょくげん》としたロボット「エボルタNEO《ネオ》」。2017年7月、1000メートルあるフィヨルドの登頂《とうちょう》に挑戦《ちょうせん》し、頂上《ちょうじょう》から張《は》ったロープを見事に登りきった。

て遊んでいました。

もちろん、本当は流行のおもちゃがほしかったのですが、しかたなくでも自分でつくり続《つづ》けていると、少しずつ技術《ぎじゅつ》が上がり、やがて自分でつくったほうが理想に近いものができるようになりました。

そうした経験《けいけん》をふり返って、子どもの心には、多少の「飢《う》え」が必要《ひつよう》なのではないかと思っています。それはおもちゃだけでなく、スポーツや習い事、勉強も同じです。「これおもしろいよ。あれをやってみるといいよ」と、親から次々《つぎつぎ》にあたえられてしまうと、自発的《じはつてき》にやってみたいとがんばるチャンスがなくなってしまうと思うのです。

「ほしいけれど手に入らない」「やりたいけれどできない」と思ったら、それはチャンスなのかもしれませんよ。

## 百円をいま使うか 未来《みらい》のために使うのか

ほめられると、うれしくてもっとがんばろうと思うけれど、「ほめられること」が目的《もくてき》になってはいけません。

たとえば、みなさんが人のために募金《ぼきん》やそうじをすれば、ほめてもらえるでしょう。でも、毎日そればかりしていてはいけないのです。

なぜかというと、みなさんがそのために使った時間や努《ど》力《りょく》は、いまはそのまま、「一倍の効果《こうか》」しか出せません。百円分の募金《ぼきん》が困《こま》っている人を助けるし、そうじをしたところはピカピカになるでしょう。でも、それでおしまいです。

そのお金や時間を、自分の興味《きょうみ》があることや勉強に使えば、大人になった将来《しょうらい》、「何万倍もの効果《こうか》」が出せるようになるかもしれません。何億円《なんおくえん》もの寄付《きふ》ができたり、画期的《かっきてき》なそうじロボットの発明ができたりと、その可能性《かのうせい》は大きく広がるのです。

目の前の「よいおこない」ばかりにお金や時間をうばわれていることは、じつは世の中全体にとっては、大きな損失《そんしつ》になる場合もあります。

だから、子どもの間《あいだ》は、目先のことにとらわれすぎず、自分の時間や労力《ろうりょく》を自分自身の将来《しょうらい》のために使ってほしいのです。

高橋《たかはし》さんが開発した、電話やメールもできるロボット「ロボホン」（左）と、購入者《こうにゅうしゃ》が自分で組み立てるロボット「ロビ」（右）。

## 世界が求《もと》めているのはユニークな夢《ゆめ》

みなさんの夢《ゆめ》は何ですか。夢《ゆめ》、あこがれ、理想、それが実現《じつげん》するかどうかのポイントは、ぼくは「ユニークさ」だと思います。サッカー選手《せんしゅ》、アイドル、ユーチューバー。あなたの夢《ゆめ》は、ひょっとして友達《ともだち》が言っていたことに強く影響《えいきょう》されていて、仲《なか》よしグループのみんなが同じ夢《ゆめ》だったりしませんか。

夢《ゆめ》を持つことは、とても大切です。

けれど、全員の夢《ゆめ》がかなうわけではありません。自分がどれだけ強く願《ねが》っても、どれだけたくさん努力《どりょく》しても、運や才能《さいのう》によって、競争《きょうそう》で負けてしまうかもしれません。みなさんには、そのきびしい競争《きょうそう》に勝ち続《つづ》ける覚悟《かくご》と、ほかのだれにも負けない才能《さいのう》があると思いますか。

でも、もし自分のめざす分野に競争《きょうそう》相手が少なかったら、自分が一番になれそうですよね。新しい分野であれば、そんなラッキーな状況《じょうきょう》が起こり得《え》ます。じつは、世の中の企業《きぎょう》も同じ作《さく》戦《せん》を考えています。まだだれも気づいていないアイディアや発明を見つけようと、研究開発を続《つづ》けているのです。

つまり、ユニークな夢《ゆめ》であるほど成《せい》功《こう》する確率《かくりつ》が高いということ。

ユニークな夢《ゆめ》というのは、まだみんなが興味《きょうみ》を持っていない物事に目を向けてみたり、すでにある物事の新しい組み合わせを考えてみたりすると、見つかるかもしれません。

## 世の中の変化《へんか》が背中《せなか》をおしてくれる

ぼくにとって、ロボットとは、まさしくそうした分野でした。ぼくが大学でロボットの研究を始めたころ、ロボットはあまり注目されていませんでした。そのために苦労《くろう》もありましたが、自分が思いついたアイディア、つくり出した技術《ぎじゅつ》は、その優劣《ゆうれつ》はともかく、世界で初《はじ》めての成果《せいか》となりました。

やがて世の中が変化《へんか》し、ロボットへの期待が高まってくると、人よりも先にロボットに取り組んでいたことが強味となりました。

たまたま好《す》きだった分野が注目され始めたことで、広い世界へとつながったのです。みなさんもいつか、ユニークな夢《ゆめ》を見つけてください。

## 話してハッケン！

アキ
ユイちゃんの将来《しょうらい》の夢《ゆめ》って何？　わたしは小学校の先生。

ユイ
わたしは、はっきり決められないの。プロバスケ選手《せんしゅ》もいいな……。

トモ
ユイちゃんはおしゃれだし、ファッションの世界もいいんじゃない？

プロバスケ選手《せんしゅ》で、モデルもやるってどう？　あと、ユニフォームのデザイナーもやっちゃう！

好《す》きなことを組み合わせた夢《ゆめ》ってすごい！　ユイちゃんにしか思いつかない夢《ゆめ》だね。

## 高橋《たかはし》さんからみなさんへ

いま人気の商品や仕事は、みんなが大人になるころには、もう時代おくれかもしれません。変《か》わり続《つづ》ける流行を追うのではなく、先に未来《みらい》を見つける。でもそれは難《むずか》しいことなので、むしろ流行を追わず自分で新しい分野をつくる、くらいの気持ちを！　ユニークな夢《ゆめ》を見つけてくださいね。

化学者

# 中《なか》西《にし》和《わ》嘉《か》さん

長所　楽観的《らっかんてき》、適応力《てきおうりょく》がある

短所　人の気持ちに寄《よ》りそえない

# 「ハプニングが起こるとワクワクしてくる」

## 「何か変《へん》だぞ」という想定外が楽しい

わたしの長所は楽観的《らっかんてき》で、失敗《しっぱい》してもあまり気にしないことです。このことは、研究者としてのわたしの仕事にいきていると思います。

なぜわたしが、研究者になろうと思ったのかというと、小学生のころ、薬に興味《きょうみ》を持ったからです。当時、薬によって気性《きしょう》のはげしい子どもをおさえられるというのが話題になりました。薬が病気だけではなく、気持ちまで変《か》えてしまうのかと、大きな衝撃《しょうげき》を受けたのです。大学に入り、薬をつくるとはどういうことかを学んでいくにつれて、分子※1という小さな世界に興味《きょうみ》がわき、研究者となりました。

研究者というのは、ふだん、計画を立てて研究を進めます。では、考えたことが、そのままうまくいけばいいかというと、じつはうまくいっても、それほどおもしろいとは感じません。もっともおもしろいと感じるのは、想定外のことが起きたとき。「何か変《へん》だぞ」というときです。

想定外のことが起きると、研究者は実験《じっけん》や考察《こうさつ》をして、その理由を理解《りかい》し、解決《かいけつ》しようとします。それによって、いままで考えつかなかったことができるようになるかもしれないからです。

わたしは楽観的《らっかんてき》な性格《せいかく》なので、ちょっとやそっとのことではあわてませんし、むしろ、研究上でのハプニングは、「まだやっていないこと、人にやられていないことができるかも」とワクワクしてきます。

## 世界を変《か》える可能性《かのうせい》がある目には見えない小さな世界

わたしは、分子をつくる専門家《せんもんか》です。いつもはほかの分野の人と共同《きょうどう》で作業することはないのですが、「ナノカーレース」※2のプロジェクトでは日本チー

### プロフィール

1978年和歌山県《わかやまけん》生まれ。東京大学薬学部卒業《そつぎょう》。同大学大学院理学系《りがくけい》研究科(化学専《せん》攻《こう》)で博士号《はくしごう》(理学《りがく》)を取得《しゅとく》。東北大学講師《こうし》などを経《へ》て現在《げんざい》は物質《ぶっしつ》・材料研究機構《ざいりょうけんきゅうきこう》で分子の動きを研究する。2017年「ナノカーレース」に日本代表チームのリーダーとして参加《さんか》。

中西《なかにし》さんの研究室にて。持っているのは、電気エネルギーで動くナノカーの模型《もけい》。

※1 分子……物質《ぶっしつ》の性質《せいしつ》をなくさないもっとも小さい粒《つぶ》のこと。顕微鏡《けんびきょう》でも見えないほど小さい。
※2 ナノカーレース……2017年に開催《かいさい》された、分子でできたナノカーを板状《いたじょう》の金の表面で走らせて速さを競《きそ》う世界大会。

ムのリーダーを務《つと》め、いろいろな分野の人といっしょに研究を進めました。

「ナノカー」というのは、※ナノサイズの分子でできた自動車のようなもの。実際《じっさい》には、自動車の形をしているわけではないのですが、前に進めるようにつくっているのでコースを走ることができるのです。二〇一七年のナノカーレースには、フランス・ドイツ・オーストリア・アメリカ・スイス・日本から計六チームが参加《さんか》しました。

なぜこのようなレースが行われるかというと、将来的《しょうらいてき》にナノサイズの機械《きかい》や記録装置《きろくそうち》ができて、それがわたしたちの世界を変《か》えるだろうと言われているからです。この研究が、世界の未来《みらい》を変《か》えるかもしれないのです。

## 楽観的《らっかんてき》にとらえることと計画的《けいかくてき》に行動すること

ナノカーの開発では、いろいろなトラブルがありましたが、実際《じっさい》のレースでも、大きなアクシデントが起きました。わたしたちのチームは、スタートから十分ほどで、ナノカーを動かす機《き》械《かい》のコントロール(操作《そうさ》)システムに不《ふ》具合《ぐあい》が生じ、ナノカーもレースコースも破壊《はかい》され、何もできなくなってしまったのです。

ほかのチームのメンバーも、すごく心配してくれましたが、クラッシュしてしまったのは事実であり、そこからできることは、復旧作業《ふっきゅうさぎょう》をするか、ほかのナノカーをもう一度走らせることしかありません。

わたしたちが復《ふっ》旧《きゅう》に向けて淡々《たんたん》と作業をしている姿《すがた》が印象的《いんしょうてき》だったようで、レースは棄権《きけん》となりましたが、その努力《どりょく》が評価《ひょうか》され、「フェアプレー賞《しょう》」を受賞《じゅしょう》しました。

このように、わたしは、たとえ失敗《しっぱい》したとしても、それほど気持ちは沈《しず》みません。失敗《しっぱい》したら、失敗《しっぱい》したという事実があるので、そこからできることを考えて、次の一手を打つだけです。

また、楽観的《らっかんてき》にとらえてトラブルに動じないことと同じくらい、危険性《きけんせい》を考えながら、計画的《けいかくてき》に行動を起こすことも、大切なのだと思っています。

ナノカーレースのチームメンバーとナノカーを拡大《かくだい》した想像《そうぞう》図《ず》。やわらかい車をめざし、ちょうちょの形をイメージした。

提供：NIMS WPI-MANA

※ナノ ……単位《たんい》の頭について、10億分《おくぶん》の1を表す語。1ナノメートルは、0.000000001メートル。

## 複雑《ふくざつ》な気持ちは単純《たんじゅん》な気持ちの組み合わせ

わたしは楽観的《らっかんてき》で、ほとんどのことを気にしないタイプなので、自分の子どもが何か失敗《しっぱい》したときにも、「そんなことで気にしないで」と言ってしまいますが、夫《おっと》からは、「もっと人の気持ちに寄《よ》りそって」と言われます。

人の気持ちに寄《よ》りそえないのは短所かもしれませんが、わたし自身は人のことを心配しすぎることもなく、気楽に過《す》ごせるのだから、その意味では長所なのかな……。

たとえば、悲しいとか、いやだなと思うとき、わたしがしたいのは、真実を知ることです。なぜ悲しいのか、なぜいやなのか、その真の理由がわかれば、対処法《たいしょほう》もわかるからです。複雑《ふくざつ》な気持ちというのも、単純《たんじゅん》な気持ちの組み合わせでできているはずなので、わたしはそれを知りたいのです。

## なやみには理由がある その原因《げんいん》を考えてみよう

人が生まれ持った性格《せいかく》というのはそれぞれあって、その性格《せいかく》がよいとか悪いとかは、まったくないと思います。

性格《せいかく》には、よい面も悪い面もあるし、変《か》えたくても、あまり変《か》わるものではないとも思います。

それに、研究者というのは、性格《せいかく》よりも、おもしろいものが生み出せるかどうかのほうが重要《じゅうよう》です。子どものころ、わたしは性格《せいかく》について考えこんだことはありませんでしたが、長所は短所でもあり、短所は長所でもあると考えています。もし、自分の性格《せいかく》についてなやむことがあったら、なやみすぎず、「なぜなやんでいるのか」を考えてみると、解決《かいけつ》につながるかもしれないですよ。

## 話してハッケン!

ぼくも、「相手の気持ちを考えなさい」って、たまに言われるんだ。

確《たし》かに、ソラくんって空気が読めないところがあるかも。

運動会の玉入れで負けたとき、みんな落ちこんでたけど、ソラくんだけ「楽しかった!」って言ってたよね。

そうそう。ソラくんの明るさにつられて、ぼくも元気が出たな〜。

そうなの? ぼくは思ったことを言っただけだけど、よかった!

## 中西《なかにし》さんからみなさんへ

なやむのは、すばらしいことです。自分を客観的《きゃっかんてき》に見て反省《はんせい》しているからなやむんだし、目標《もくひょう》に近づきたいと思っているからなやむ。なやむというのは、すごく成長《せいちょう》している証《あかし》だと思いますよ。わたしも人の気持ちに寄《よ》りそえるよう、日々《ひび》、努力《どりょく》したいと思います!

実業家

# 伊《い》藤《とう》博《ひろ》之《ゆき》さん

**長所** 考え続《つづ》けられる

**短所** 考えすぎる

# 「ひらめきが起こるのは考え続《つづ》けた人にだけ」

## ★プロフィール★

1965年北海道《ほっかいどう》生まれ。1995年にクリプトン・フューチャー・メディアを設立《せつりつ》し、効果音《こうかおん》や携帯《けいたい》電話の着信《ちゃくしん》メロディなどを制作《せいさく》・販売《はんばい》。2007年にボーカロイド「初《はつ》音《ね》ミク」を発売し、大ヒット。京都情報大学院大学教授《きょうとじょうほうだいがくいんだいがくきょうじゅ》。北海道情報大学客員教授《ほっかいどうじょうほうだいがくきゃくいんきょうじゅ》。

illustration by KEI © Crypton Future Media, INC. www.piapro.net piapro

### 大人気のキャラクターに個性《こせい》はない!?

みなさんは、「初音《はつね》ミク」と聞いて、何を想像《そうぞう》するでしょうか。知らないという人も、いるかもしれませんね。

初音《はつね》ミクは、コンピューターを使って作曲をするためのソフトウェア※です。女の子の声で歌わせたり、いろいろな楽器《がっき》の音と組み合わせて、曲をつくったりすることができます。

また、初音《はつね》ミクというのは、キャラクターの名前でもあります。ブルーグリーン（青緑色）の長い髪《かみ》が特徴《とくちょう》で、多くの人が思い浮《う》かべるのも、このキャラクターの姿《すがた》でしょう。

ぼくは会社をつくり、多くの人と協《きょう》力《りょく》して、初音《はつね》ミクをはじめとした作曲用ソフトウェアを開発して、販売《はんばい》する仕事をしています。

初音《はつね》ミクは多くの人に受け入れられてきましたが、じつはこのキャラクターに「個性《こせい》」はありません。ぼくたちは、名前や身長、体重、ブルーグリーンというイメージカラーは決めましたが、どんな性格《せいかく》か、長所や短所は何か、好《す》ききらいは何かといったことは、一切決めませんでした。キャラクターの個性《こせい》は、初音《はつね》ミクを使う人、見る人、聞く人など、その人それぞれが考えて楽しんでほしいと思ったからです。

### 答えの出ないことを考え続《つづ》けることが好《す》き

ぼくは、子どものころから「考えること」が好《す》きでした。長所や短所を聞かれても、自分ではよくわかりませんが、得意《とくい》なことを聞かれれば、「考えること」だと答えられます。

考えるのは、すぐには答えが出ないことや、まだだれも答えを出していないことです。そうしたことは、ずっと考えていないと、答えにたどりつけないものですが、ぼくにはそれが苦では

※ソフトウェア……コンピューターを動かすためのプログラムや命令《めいれい》をかいたデータのまとまりのこと。

ありません。なので、ぼくの長所は「考え続《つづ》けること」と、言えるかもしれません。そして、この長所は、ぼくの仕事でもいきていると思っています。

## 自分の「好《す》き」に外国の人が共感《きょうかん》してくれた

子どものころから、ぼくは、音楽や音そのものに、大きなあこがれがありました。初《はじ》めは、ギターをやっていたのですが、※シンセサイザーという電子楽器《がっき》を使ったり、コンピューターで作曲したりするミュージシャンが現《あらわ》れてくると、自分もコンピューターで音をつくってみたい、と思うようになりました。

パソコンを買って、短い曲をつくったり、効果音《こうかおん》のようなものをつくったりしているうちに、そうした音を買ってくれる人がいることがわかりました。国内だけでなく、海外にもほしい人がいるとわかると、海外への販売《はんばい》も始めました。ぼくは海外郵便《ゆうびん》を送り続《つづ》けました。遠くに住んでいる人が、自分のつくった音に共感《きょうかん》してくれるのは、本当にうれしいことでした。

## 大切なひらめきは何かと何かの組み合わせ

そうした中、ある技術《ぎじゅつ》が世の中に現《あらわ》れます。インターネットです。インターネットを知ったぼくは、「これはとても便利《べんり》な技術《ぎじゅつ》なので、必《かなら》ずみんなが使うものになる」と思い、インターネットを使って仕事をしたいと考えるようになりました。考え続《つづ》けてひらめいたのが、効果音《こうかおん》をインターネットで販売《はんばい》することでした。いまでこそ、インターネットでものを売買するのは当たり前ですが、当時はそうした考えは一般的《いっぱんてき》ではありませんでした。

さらに、大きな出会いが起こります。ぼくは、自分がつくった会社で、効果音《こうかおん》を売ったり、コンピューターで演奏《えんそう》するための楽器《がっき》のソフトウェアを販売《はんばい》したりしていたのですが、ある会社が、「コンピューターが、人間の声で歌うことを可能《かのう》にするソフトウェアがある」と言って見せてくれたのです。

その音を聞いた瞬間《しゅんかん》、ぼくは「このテクノロジーはすごい!」と感動し、新たなソフトウェアの開発に取りかかりました。もっと新しいものを生み出

「答えが見つからないことを、考え続《つづ》けることにワクワクするんです」と語る伊藤《いとう》さん。

※シンセサイザー……鍵盤《けんばん》によって、さまざまな人工音を出す電気楽器《がっき》。

したい。そうして考え続《つづ》けて誕生《たんじょう》したのが、歌声のソフトウェアと十六歳《さい》の女の子というキャラクターを組み合わせた「初音《はつね》ミク」だったのです。

## 長所は短所になることも みんなで協力《きょうりょく》して支《ささ》え合う

ぼくは考え続《つづ》けることが得意《とくい》ですが、これは短所にもなると思います。考えてばかりいると、なかなか決断《けつだん》ができず、「もう少し考えたら、もっとよくなるのではないか」と、物事を先に進められなくなるのです。子どものころに作文が苦手だったのも、この性《せい》格《かく》のせいかもしれません。

それにぼくは、考え続《つづ》けることで「0から1」を生み出すことは得意《とくい》ですが、「1から100」に広げることは苦手です。会社の仕事でいえば、いままでになかったサービスを思いつくことは得意《とくい》ですが、「商品をもっと多くの人に広める」というのは苦手です。会社ではみんな得意《とくい》なことと苦手なことがあるので協力《きょうりょく》し合っています。

## 知識《ちしき》は「部品」 自分の頭で考えよう

「学校の授業《じゅぎょう》なんておもしろくない」という人もいますが、学校で教わることが、世の中のすべてではありません。わたしたちが教わる一つひとつの知識《ちしき》は、自分の頭で考えられるようになるための「部品」に過《す》ぎません。いろいろな部品をつなぎ合わせたり、新たに組み合わせたりすることで、よりよい発想や、おもしろいアイディアが生まれるのです。

一見おもしろくなさそうなものも、何かと組み合わせると、おもしろいものになるかもしれません。ぼくも、まだまだ新しい何かを生み出すために、考え続《つづ》けるつもりです。

## 話してハッケン！

ユイ

ずっと考え続《つづ》けるのって、大変《たいへん》だよね。

トモ

うん。好《す》きなことじゃないと、難《むずか》しいと思う。

好《す》きなことかあ。考えていても、忘《わす》れちゃうこともあるし。

そうそう。「あっ！」って思っても、すぐに忘《わす》れるんだ。

バスケットボールの練習ノートみたいに、考えたことを書いてみようかな。

あっ！　それいいね。アイディアノートをつけてみよう。

## 伊藤《いとう》さんから みなさんへ

インターネットの力で、人と人の立場はとても平等に近づきました。個人《こじん》で何かを発信《はっしん》して、多くの人の共感《きょうかん》を得《え》たことが評価《ひょうか》される時代です。好《す》きなことをやり続《つづ》け、やりとげようとする強い気持ちを大事にしてほしいと思います。

経営者《けいえいしゃ》

# 垣《かき》内《うち》俊《とし》哉《や》さん

長所　細かいところによく気がつく

短所　不安《ふあん》で落ち着けなくなる

# 「だれもが不便《ふべん》を感じない社会をつくりたい」

## 障《しょう》がいは考え方次第で価値《かち》になる

わたしは、車いすで生活しています。骨《ほね》が弱くて折《お》れやすいという「魔法《まほう》」にかけられて生まれてきたからです。これまでに、骨折《こっせつ》は二十回もしました。病院で過《す》ごした期間は、人生の五分の一くらいにあたるでしょう。

そんなわたしの夢《ゆめ》は、だれもが不便《ふべん》を感じない社会をつくることです。障《しょう》がいがある人も、高齢者《こうれいしゃ》も、みんなのびのび自由に生活できる社会。そのための設備《せつび》や道具、しくみ、情報《じょうほう》といった「ユニバーサルデザイン」を、世の中へ広めるのがわたしの仕事です。

モットーは、「バリアバリュー」。バリアは「障《しょう》がい」、バリューは「価値《かち》」。つまり、障《しょう》がいを価値《かち》に変《か》えるということです。

一般的《いっぱんてき》には、「バリアフリー」という言葉のほうが知られていますね。障《しょう》がいを取りのぞくという意味の、とても大切な取り組みです。でも、わたしは思います。障《しょう》がいは、必《かなら》ずしも取りのぞかなくてよいのだと。なぜなら、障《しょう》がいは、考え方次第で「価値《かち》」に変《か》わるからです。

## 絶望《ぜつぼう》のふちで考えた自分を好《す》きでいられる未来《みらい》

わたしは、小さいころからずっと、歩きたい、みんなといっしょに走りたいと思っていました。車いすに乗っていることはカッコ悪くて、はずかしかったからです。

そこで高校生のとき、決心をして、大きな手術《しゅじゅつ》を受けました。学校を長く休み、苦しいリハビリにも、死にものぐるいで取り組みました。でも、うまくいきませんでした。わたしは生きていくことに絶望《ぜつぼう》しました。毎晩《まいばん》、まくらに顔をうずめて泣《な》きました。

「ぼくは一生歩けない。ではどうした

### プロフィール

1989年愛知県《あいちけん》生まれ。「骨形成不全症《こつけいせいふぜんしょう》」という病気を持って生まれる。立命館大学在学中《りつめいかんだいがくざいがくちゅう》に、株式会社《かぶしきがいしゃ》ミライロを設立《せつりつ》。2016年より東京オリンピック・パラリンピック競技《きょうぎ》大会組織《そしき》委員会のアドバイザーに就任《しゅうにん》。

「ミライロでは障《しょう》がい者《しゃ》や高齢者《こうれいしゃ》との対応力《たいおうりょく》を身につける研修《けんしゅう》なども行い、意識《いしき》のバリアフリー化を進めています」と話す垣内《かきうち》さん。

ら自分を好《す》きでいられるのだろう」そう自問して、わたしは「歩けなくてもできること」を考えました。

「会社をおこして成功《せいこう》させたら、生きる元気を持ち続《つづ》けられるかもしれない」そう思いたち、猛勉強《もうべんきょう》して大学に入りました。高校へは半年しか行っていなかったので、大変苦労《たいへんくろう》しました。

## 車いすを「強み」に変《か》えた営業《えいぎょう》のアルバイト

大学生になって、アルバイトをしたときのことです。わたしは「営業《えいぎょう》」という、いろいろな会社を回る仕事を、社長から命じられました。すると数か月後、わたしの営業成績《えいぎょうせいせき》は、ほかのメンバーの中で一番になったのです。理由は、わたしが車いすを使っていたため、回った会社の人たちの印象《いんしょう》に残《のこ》り、覚《おぼ》えてもらいやすかったからです。

社長は、「車いすはお前の強みだな」と言いました。そのときわたしは、「歩けなくてもできること」ではなく、「歩けないからこそできること」があることに、初《はじ》めて気がついたのです。

車いすに乗ったわたしの目線の高さは、約《やく》一メートルです。この視点《してん》だからこそ気づくことがあるのです。わたしは、「バリアバリュー」の考えを形にし、仕事にすることを決意しました。

## 考え方を変《か》えれば短所は価値《かち》へと裏返《うらがえ》る

わたしの長所は、細かいところに気がつくことだと思います。車いすで生活することでつちかわれたのでしょう。一センチメートルの段差《だんさ》でも、車いすに乗っていると、気がつきます。

わたしの会社は、車いすで入れる店やホテルなどの情報《じょうほう》を配信《はいしん》するアプリ

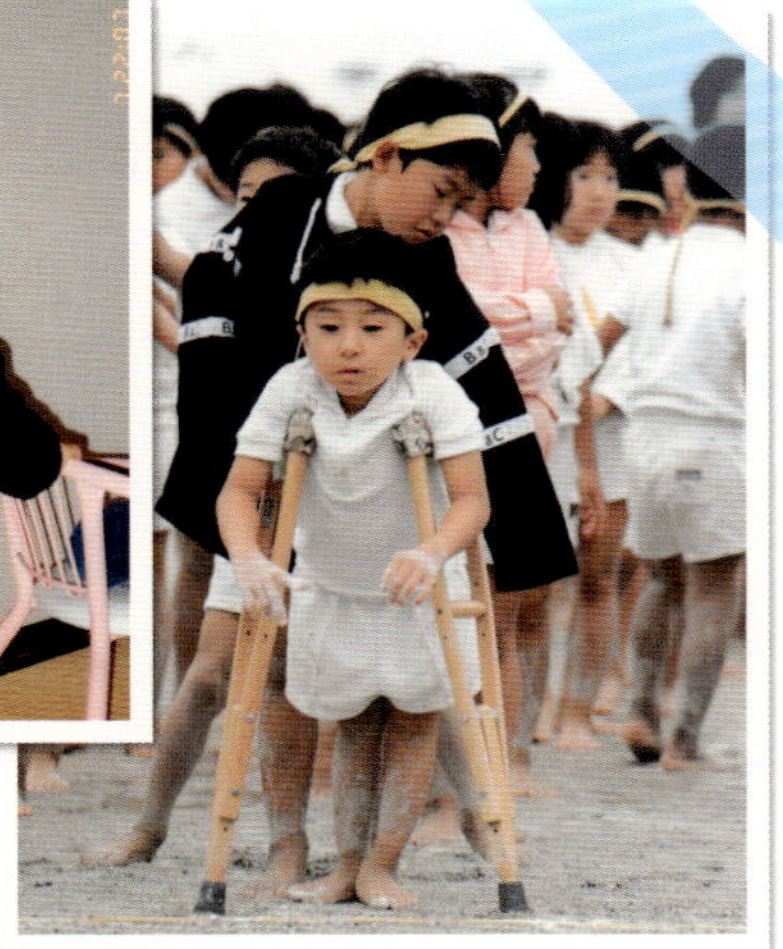

初めてつかまり立ちをした2歳《さい》8カ月のころの垣内《かきうち》さん（写真左上）。ケガ、入院、手術《しゅじゅつ》をくり返していたが、「ケガなんかに負けない」と参加《さんか》した小学3年生のときの運動会（写真右上）。

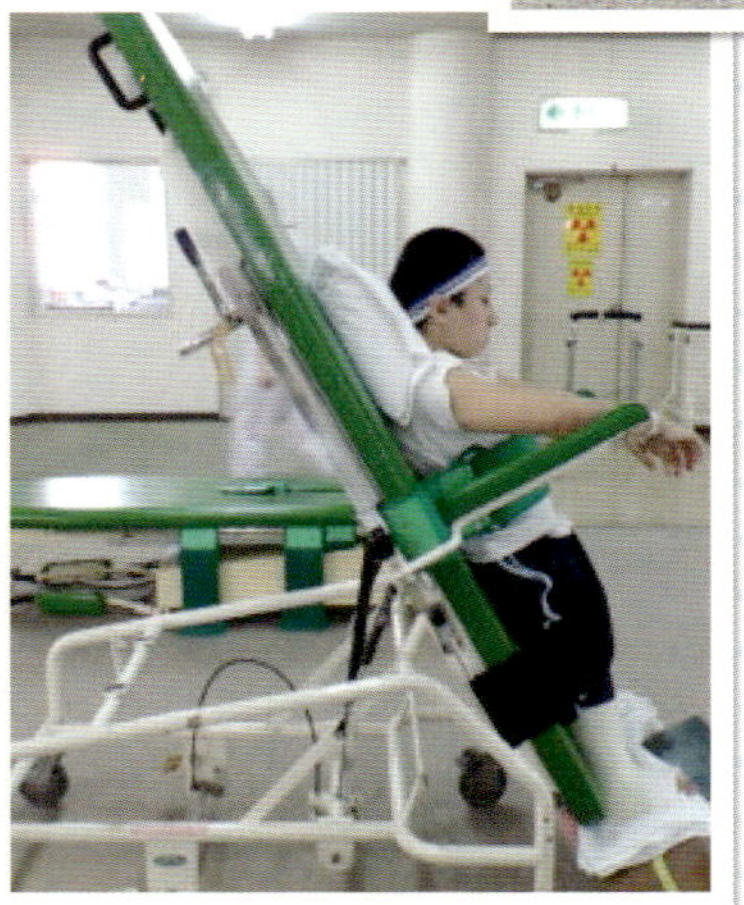

提供：株式会社ミライロ

高校を休学し、「歩く」という目標《もくひょう》に向けて大きな手術《しゅじゅつ》に臨《のぞ》んだ垣内《かきうち》さん。朝から晩《ばん》まで、病院でリハビリに取り組んだ。

### 他人《ひと》から見ると!?

**岸田《きしだ》 奈美《なみ》さん**
（垣内《かきうち》さんの会社の社員）

垣内《かきうち》さんは、つねに全力をつくす、努力《どりょく》の人です。あるビジネスコンテストでの演説《えんぜつ》は、大勢《おおぜい》の人の胸《むね》を打ち、最優秀賞《さいゆうしゅうしょう》をもらいました。垣内《かきうち》さんは、その演説《えんぜつ》の一言一句《いちごんいっく》にこだわり、最高《さいこう》の準備《じゅんび》をして臨《のぞ》んだのだそうです。車いすを使っているわたしの母も、このときの演説《えんぜつ》を聞き、その力強さにひかれて、ミライロの社員になりました。

を手がけていますが、このサービスには、わたしの長所がいかされています。

一方、短所は、不安《ふあん》で落ち着けなくなることです。小学校の遠足の前日、「車いすで入れるトイレはあるか」「エレベーターはあるか」といったことが不安《ふあん》で、ねむれませんでした。そうした意識《いしき》がしみついたのか、いまでも何かをする前に、楽しいことよりも、危険《きけん》や苦労《くろう》のほうを想像《そうぞう》してしまうのです。

でも、この性格《せいかく》は、行動の前にしっかり調べて、最高《さいこう》の準備《じゅんび》をすることへとつながります。ですから、現在《げんざい》の仕事では、この短所が大いに役立っています。大人数の前で発表をするときは、徹底的《てっていてき》に調べ、事前準備《じゅんび》をしっかりするので、よい成果《せいか》を得《え》られたことが何度もあります。

このように、短所も「価値《かち》」に変《か》えることができます。人間だれしも、苦手なことや、劣等感《れっとうかん》を感じることはあるでしょう。でもそれは、考え方を変《か》えれば、強みへと裏返《うらがえ》るのです。

たとえば、話すのが苦手な人は、言葉を慎重《しんちょう》に選《えら》んでいるからかもしれません。やることがおそいと言われる人も、人よりていねいにやっているからかもしれません。弱点に見えても、どこかに必《かなら》ず強みがあるのです。

## みんなちがう個性《こせい》を持って未来《みらい》への道を歩んでいる

わたしの会社の「ミライロ」という名前には、「未来《みらい》の色」「未来《みらい》の路《みち》」という意味があります。だれもが自由に歩める未来《みらい》への路《みち》をつくりたい。そんな思いをこめています。人生の「長さ」には限《かぎ》りがあり、自分では変《か》えられません。でも「幅《はば》」は変《か》えられます。一日一日を大切に、最大限《さいだいげん》に活用する。わたしは、そう思いながら未来《みらい》への路《みち》を歩いています。

## 話してハッケン！

ソラ

自分の弱点が強みになるって、なかなか想像《そうぞう》できないな。

トモ

ぼくは何かを決めるときにすごくなやむけど、それって短所だと思うし、長所になるのかな？

トモくんがなやむのは、後《あと》のことも慎重《しんちょう》に考えているからじゃない？　それって、すごい長所だよ。

## 読んでみよう！

『バリアバリュー　障害《しょうがい》を価値《かち》に変《か》える』

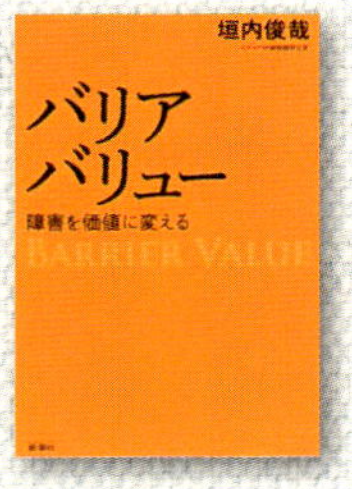


生まれつき障《しょう》がいがある垣内《かきうち》さんが、「障《しょう》がいは人ではなく環境《かんきょう》にある」ということに気づいて、経営者《けいえいしゃ》になるまでの半生をつづった本。

垣内俊哉著／新潮社

## 垣内《かきうち》さんからみなさんへ

まわりの人と自分をくらべてもしょうがないよ。くらべるなら過去《かこ》の自分、昨日《きのう》の自分とくらべよう。昨日《きのう》より楽しめているか、がんばれているか、そんなふうに自分と向き合ってみよう。人生の時間をどう生きるかは自分次第だよ。

地方議員《ちほうぎいん》

# 上《かみ》川《かわ》あやさん

長所　人に共感《きょうかん》し協力《きょうりょく》する

短所　マイペース

# 「自己主張《じこしゅちょう》は強くないけど無理強《むりじ》いされるのはいや」

## ★プロフィール★

1968年東京都《とうきょうと》生まれ。2003年より、東《とう》京都世田谷区議会議員《きょうとせたがやくぎかいぎいん》。議員《ぎいん》の仕事のほか、人権《じんけん》を守るための勉強会や講演会《こうえんかい》を開くなどの活動を行い、マイノリティ（少《しょう》数派《すうは》）の人や障《しょう》がい者《しゃ》の環境改善《かんきょうかいぜん》のために力をつくしている。

©長島可純

上川《かみかわ》さんのようなトランスジェンダー※2の人をはじめ、LGBT※3と呼《よ》ばれる人たちが集まるイベントに参加《さんか》した上川《かみかわ》さん。

## 自分らしくのびのび生きたい

わたしは、東京都世田谷区《とうきょうとせたがやく》の区議会《くぎかい》議員《ぎいん》です。いまの性別《せいべつ》は女性《じょせい》ですが、生まれたときの性別《せいべつ》は男性《だんせい》でした。わたしは、「自分らしくのびのび生きていきたい！」と強く願《ねが》い、いろいろ試す中で女性《じょせい》になりました。

日本には、その人の氏名《しめい》や性別《せいべつ》、生年月日などを記録《きろく》する「戸籍《こせき》」というものがあります。その戸籍《こせき》で「男」とされていましたが、いまは戸籍《こせき》も「女」に変わりました。

どういうことか、わかりづらいかもしれませんね。なので、まずはわたしの小さいころからの話をしましょう。

わたしは、男ばかり三人兄弟の真ん中でした。兄と弟は、戦隊《せんたい》ヒーロー物のテレビ番組を見たり、乗り物のおもちゃで遊んだりしていましたが、わたしは、それらに興味《きょうみ》がありませんでした。むしろ、女の子が主人公のマンガや、着せかえ人形がほしかったのです。ボーイスカウト※1より小さい子向けの組織《そしき》の、カブスカウトに入ったこともありますが、やめてしまいました。男の子としてあつかわれることが、しっくりこなかったからです。

## 本当のことが言えずなやんで泣《な》いた子ども時代

思春期をむかえると、男の子はより男っぽい体に、女の子は女っぽい体に変《か》わります。わたしもひげがこくなり、のどぼとけが出てきて、そんな自分がいやでしかたなくなりました。

初恋《はつこい》の相手は、同じクラスの男子でした。男子が男子にときめく？　自分はいったい何なのだろうと思いましたが、だれにも相談できませんでした。友達《ともだち》の前では、女の子に関心《かんしん》のある普《ふ》通《つう》の男子のふりをしていました。だから、友達《ともだち》といっしょにいても、心は孤《こ》

※1 ボーイスカウト……イギリスで始まった、グループでの活動を通じて自主性《じしゅせい》、協調性《きょうちょうせい》、社会性《しゃかいせい》、たくましさやリーダーシップなどを育む活動。
※2 トランスジェンダー……生まれついた性別《せいべつ》と心の性別《せいべつ》が一致《いっち》しない人。
※3 LGBT《エルジービーティー》……恋愛対象《れんあいたいしょう》が、女性同士《じょせいどうし》、男性同士《だんせいどうし》、または男女両方の人や、生まれついた性別《せいべつ》と心の性別《せいべつ》が一致《いっち》しない人たちの総称《そうしょう》。

独《どく》でした。本当のことを言えず、正直に人と向き合えない自分は、人に対して嘘《うそ》つきだと思い、なやみました。

その後も恋《こい》をしましたが、相手はやはり男の人です。自分の体は男だけれど、心はちがうのです。わたしは泣《な》きました。そのときは、自分は幸せな人生を歩めないだろうとさえ思いました。

## なやんでいるのは わたし一人ではない

大学を卒業《そつぎょう》し、会社員として働《はたら》いていたわたしは、ひょんなことから、自分と同じようななやみを持つ人たちの集まりがあることを知りました。わたしはそこで、初《はじ》めて本当のことを話せる仲間《なかま》ができたのです。

その後、わたしは体と心の性別《せいべつ》が一《いっ》致《ち》しない「トランスジェンダー」であることがわかりました。わたしは、ようやく自分のことがわかり、「これからは自分らしく生きていきたい！」と強く思ったのです。とはいえ、戸籍《こせき》は男なので、さまざまなところでトラブルにあいます。そこで、わたしは区議《くぎ》会議員《かいぎいん》に立候補《りっこうほ》する決心をしました。自分らしく生きていくには、社会を変《か》えるしかない、と思ったからです。

## 消極的《しょうきょくてき》な自分を乗りこえ 選挙《せんきょ》に立候補《りっこうほ》

わたしのように「少数派《しょうすうは》」の人の多くが、差別《さべつ》をおそれながら、ひっそりと生きています。でも、だれかが声を上げなければ、人間らしく生きることはおろか、苦しみに気づいてさえももらえません。人生は、どこかでチャレンジするときがあるものです。わたしの場合は、立候補《りっこうほ》を決めたときが、そのときでした。根は臆病《おくびょう》な人間ですが、「ここで消極的《しょうきょくてき》なままでは一生状況《じょうきょう》は変《か》わらない！」と思い、選挙《せんきょ》に出たのです。

選挙《せんきょ》活動では、最初《さいしょ》はバカにされました。でも、少しずつ支持《しじ》してくれる人が増《ふ》えていき、結果《けっか》は当選《とうせん》。その後、戸籍《こせき》の性別《せいべつ》を変《か》えられる法律《ほうりつ》も成立《せいりつ》しました。

## 小さな声、社会にとどけ！ 少数派《しょうすうは》の人を大切にしたい

わたしは頑固《がんこ》な性格《せいかく》です。小さいころから曲がったことがきらいで、納得《なっとく》がいかないと大人の言うことも聞きませんでした。ふだんの自己主張《じこしゅちょう》は強くないものの、無理強《むりじ》いされるのはいやでした。その性格《せいかく》は、いまでも議員《ぎいん》の仕事にいかされていると感じます。

少数派《しょうすうは》の人の声をすくいあげて、だれもが暮《く》らしやすい街《まち》になるように、法律《ほうりつ》や施設《しせつ》の設備《せつび》の改善《かいぜん》を提案《ていあん》しているという上川《かみかわ》さん。

長所は、人に共感《きょうかん》し協力《きょうりょく》できる力があることかなと思います。困《こま》っている区民《くみん》の気持ちをくみとり、行政《ぎょうせい》のよくない点を直し、改善《かいぜん》しようとします。

たとえば、災害《さいがい》に備《そな》え、世田谷区役《せたがやくやく》所《しょ》に井戸水《いどみず》ろ過設備《かせつび》を提案《ていあん》し、実現《じつげん》できました。また、身体障《しんたいしょう》がい者《しゃ》を助ける補助犬《ほじょけん》用のトイレを設置《せっち》したり、視《し》覚障《かくしょう》がい者《しゃ》の人を誘導《ゆうどう》するためのブロックの改善《かいぜん》にもつとめています。「小さな声、社会にとどけ！」。これが、わたしのキャッチフレーズです。

短所は、マイペースなところといえるかもしれません。議員《ぎいん》の仕事をしていると、みんなの生活がかかっている、という責任感《せきにんかん》から、逃げ道をのこさず相手をせめてしまうので、こわい人だと思われていることがあります。逆《ぎゃく》に、仕事以外《いがい》のときは、のんびりとニコニコしているので、「ギャップがはげしい」とおどろかれます。

## みんなの個性《こせい》が尊重《そんちょう》される生きやすい社会がいい

個性《こせい》は、もっと表に出していいものだと思います。「まわりの空気を読む」ことも大切ですが、本当の自分をおしころすのは、つまらないことです。さまざまな個性《こせい》を尊重《そんちょう》し合え、だれもが生きやすい社会でなければいけないと思います。またその一方で、個性《こせい》や性《せい》格《かく》には、変《か》えられる部分もあると思います。変《か》えられるなら変《か》えていいと思うし、変《か》えられない部分では、自分を責《せ》めなくてよいと思います。

わたしは高校生の終わりごろ、自分の心について家族に打ち明けました。家族は、「人に迷惑《めいわく》をかけてないならそれでいいじゃない」と言ってくれました。わたしはホッとしました。そうです。なるべく迷惑《めいわく》をかけずに、自分らしく生きればいいのです！

## 話してハッケン！

ぼく、妹の少女マンガを読んでおもしろいと思うんだけど、おかしいかな？
トモ
えー、全然《ぜんぜん》！　わたしだって少年マンガ読んでるよ。
ユイ
いろんな主人公の気持ちに共感《きょうかん》できるって、いいことなんじゃない？
ソラ
えへへ。それなら、今度からは、もっと堂々《どうどう》と読むことにするよ。

### 読んでみよう！

### 『変《か》えてゆく勇気《ゆうき》』

27歳《さい》のときに「女性《じょせい》」として暮《く》らしはじめた上川《かみかわ》さん。だれもが自分らしくのびやかに暮《く》らせる社会をつくるためのメッセージをまとめた本。

上川あや著／岩波新書

### 上川《かみかわ》さんからみなさんへ

世の中の価値《かち》のものさしはひとつじゃないし、みんなが当たり前と思っている価値《かち》は、数年後には変《か》わっているかもしれないよ。まわりばかり気にせず、自分が幸せになれる価値《かち》を大事にして、心が喜《よろこ》びに満《み》たされるように、自分らしく幸せを探《さが》そうよ！

建築家《けんちくか》

# 妹《せ》島《じま》和《かず》世《よ》さん

長所 忍耐《にんたい》強い、明るい

短所 わかりやすく話すのが苦手

# 「いろいろな人と力を合わせるのが好《す》き」

## 建築家《けんちくか》はチームワークのまとめ役

わたしは、小さいころはとても引っこみ思案《じあん》だったので、母が生きているころには、「よく建築《けんちく》の仕事をするようになったわね」と言われていました。

建築家《けんちくか》は、建物《たてもの》の設計《せっけい》をして、実際《じっさい》にその建物《たてもの》の建設《けんせつ》を指示《しじ》するのが仕事です。建物《たてもの》は、人の体よりずっと大きなものですから、わたし一人ではつくれません。建築《けんちく》は、チームワークの仕事です。まず、設計《せっけい》をするときには、構造《こうぞう》のエンジニアや照明《しょうめい》デザイナー、空調や環境《かんきょう》を考える人など、さらに実際《さい》に建《た》てるときには、土をほる人や鉄《てつ》筋《きん》を組む人、コンクリートを打つ人、大工さん、左官屋《さかんや》さん、ペンキ屋さんなど、立場のちがうたくさんの人と話し合い、意見をまとめ、いっしょにひとつのものをつくり上げていくのです。

## 話したいという気持ちがあれば話べたでも大丈夫《だいじょうぶ》

わたしは、いまでも、人と話すときに「わかりやすく話す能力《のうりょく》が足りないかな」と思うことがあります。それが短所かもしれませんが、うまく話せなくても、人と話そうという気持ちはあるので、人の意見をよく聞いて、「じゃあ、こうしたらどうですか？」という提案《ていあん》をくり返し、コミュニケーションを深めています。

仕事上では、もちろん、意見が合わないこともあります。たとえば、わたしたちが「小さな木を入れたい」と思って図面をかいたとします。だけど、大工さんが「サービスでもっと大きな木を入れてあげたよ」と図面とちがうことをしたら、困《こま》ってしまいますよね。でも、大工さんはもっと立派《りっぱ》にしてあげようという気持ちなので、悪気はないのです。立場がちがえば、「いい」と思うこともみんなちがうのです。

提供：妹島和世建築設計事務所

国際的《こくさいてき》なデザイン賞《しょう》で優秀賞《ゆうしゅうしょう》を受賞《じゅしょう》したＪＲ日立駅にある「SEA《シー》 BiRDS CAFE《バーズカフェ》」。海と空の間《あいだ》にあるような美しさがある。

## プロフィール

1956年茨城県《いばらきけん》生まれ。美術館《びじゅつかん》などの公共《こうきょう》建築《けんちく》を数多く手がけ国際的《こくさいてき》に活躍《かつやく》する。2010年には「建築界《けんちくかい》のノーベル賞《しょう》」とも呼《よ》ばれるプリツカー賞《しょう》を受賞《じゅしょう》。おもな作品に金沢《かなざわ》21世紀《せいき》美術館《びじゅつかん》、ルーヴル美術館《びじゅつかん》分館のルーヴル=ランスなどがある。

いろいろな人の意見を聞いて、みんなが「いいんじゃないか」と思ったものが、最後《さいご》に形になります。完成《かんせい》したときに、みんなでいっしょに喜《よろこ》べるというのは、とてもうれしいことです。いろいろな人の力でできた、ということを毎回実感しますし、感動もします。

## 忍耐《にんたい》強さと明るさで困難《こんなん》な仕事を乗り切る

わたしの長所は、「忍耐《にんたい》強いところ」だと思っています。これは、建築家《けんちくか》という仕事にも役立っています。

なぜなら、建築《けんちく》というものは、短い期間でパッとできるものではありません。大きな建築物《けんちくぶつ》になると、できあがるまで五〜六年はかかります。その間《あいだ》ずっと、同じ仕事に取り組むには、忍耐《にんたい》も必要《ひつよう》です。長い仕事の間《あいだ》には、自分の思い通りにならないことが、たくさんでてきます。それでも、「これは、もうできません」と言ったことはほとんどありません。「何とかなる」と、明るく考えてやり続《つづ》けています。

そして、もうひとつ、わたしのいいところをあげるとすると、「ほかの人といっしょに仕事をするのが好《す》き」という点です。建築家《けんちくか》の中には、「一人で仕事をするのが好《す》き」という人もいますが、わたしの場合は、自分一人で決めるのではなく、いろいろな人のアイディアを集合させて、ひとつのものをつくり上げるスタイルです。

## 「わたしらしさ」を生んだ子ども時代の社宅《しゃたく》生活

小学校時代は、自分が一番に何かを始めるタイプではありませんでしたが、活発な子について外でよく遊んでいました。当時は、日本が高度成長期《こうどせいちょうき》とよばれる時代です。わたしの家族は、会社の社宅《しゃたく》に住んでいたのですが、同年代の子どもがいつも十人くらいは身近にいました。そうした環境《かんきょう》で育ったので、人といっしょに仕事をすることが

提供：SANAA

「まちに開かれた公園のような美術館《びじゅつかん》」が建築《けんちく》コンセプトの金沢《かなざわ》21世紀《せいき》美術館《びじゅつかん》（左写真）。「建築《けんちく》物《ぶつ》は、人と人とが出会うコミュニケーションの場所なのです」と、語る妹島《せじま》さん（上写真）。

苦にならないのかもしれません。

また、そうした子ども時代の環境《かんきょう》が、わたしの建築《けんちく》の「わたしらしさ」になっているところもあると思います。

わたしはむかしから、年齢層《ねんれいそう》も目的《もくてき》もちがういろいろな人が、自然《しぜん》と集まるような場所をつくりたい、という思いでデザインや設計《せっけい》を考えてきました。石川県《いしかわけん》にある金沢《かなざわ》21世紀《せいき》美術館《びじゅつかん》もそのひとつです。美術館《びじゅつかん》は、公共《こうきょう》の空間ですが、みんなが好《す》きなときに来て、好《す》きなように時間を使い、好《す》きなように自分の居場所《いばしょ》をつくれるところにしたかったのです。

## 「いろんな人がいる」と思えることが重要《じゅうよう》

わたしは、建築家《けんちくか》として人と人とがおたがいを認識《にんしき》しあって、尊敬《そんけい》しあって、「みんなで世の中をつくっているんだな」と感じられるような場所がつくれたらいいと思っています。

わたしが子どものころに住んでいた社宅《しゃたく》は、縁側《えんがわ》や勝手口があって、「おばちゃん、こんにちは」と、縁側《えんがわ》からバタバタと友達《ともだち》の家に入っていくこともよくありました。ご近所のいろいろな人と、自然《しぜん》に交流ができた時代です。

いまは、そういうご近所づきあいや、自然《しぜん》と人が集まる場所は少なくなっていますね。みなさんも、たまには家や学校や塾《じゅく》とはちがう場所に行ってみましょう。美術館《びじゅつかん》や図書館などの公共施設《こうきょうしせつ》や公園に行って、「いろいろな人がいるな」と意識《いしき》してみてください。もっと「いろいろな人がいてもいいんだ」と思えるようになるはずです。

いろいろな人がいて、いろいろな性格《せいかく》があって、それが自分と合ったり合わなかったりするけれど、何とかみんなとうまくやっていけるということが、自然《しぜん》と感じられると思います。

## 話してハッケン！

みんなで話すと、思わぬ意見が出ることってあるよね。

意見が意見を呼《よ》ぶというか、アイディアがアイディアを生むというか。そんな感じにね。

クラスの劇《げき》の演目《えんもく》も、学級会で変《か》わったね。

先生の案《あん》より、みんなで考えた案《あん》のほうがおもしろかったもんね。

## 行ってみよう！

### 「金沢《かなざわ》21世紀《せいき》美術館《びじゅつかん》」

提供：SANAA

妹島《せじま》さんが設計《せっけい》を手がけた石川県金沢市《いしかわけんかなざわし》にある美術館《びじゅつかん》。円形で外周《がいしゅう》がガラス張《ば》りという開放的《かいほうてき》なつくりになっている。

住所：石川県金沢市広坂1-2-1

## 妹島《せじま》さんからみなさんへ

建物《たてもの》は設計《せっけい》したわたしが想像《そうぞう》もしなかったような魅力《みりょく》を発揮《はっき》することがあります。それは人間の個《こ》性《せい》に似《に》ているかもしれません。「自分はここがだめだ」と決めつけず、「自分らしさ」に愛着《あいちゃく》を持つことが、個性《こせい》を成長《せいちょう》させることにつながると思います。

自然《しぜん》エネルギー開発

# 磯《いそ》野《の》謙《けん》さん

**長所** おおらかで打たれ強い

**短所** 細かいことをやるのが苦手

# 「どんなちがいがあっても理解《りかい》し合うことができる」

提供：自然電力株式会社

佐賀県唐津市《さがけんからつし》にある磯野《いその》さんの会社の風力発電所。大型《おおがた》の風車を設置《せっち》している。

## ★プロフィール★

1981年長野県《ながのけん》生まれ。自然電力株式会社社長《しぜんでんりょくかぶしきがいしゃしゃちょう》。慶應義塾大学卒業後《けいおうぎじゅくだいがくそつぎょうご》、世界中を旅して環境《かんきょう》問題や貧困《ひんこん》問題などの深刻《しんこく》さに気づく。その後、会社員を経《へ》て、2011年に自然電力株式会社《しぜんでんりょくかぶしきがいしゃ》を設立《せつりつ》。太陽光や風力による発電事業を行っている。

## 個性《こせい》があれば認《みと》められる人とちがうことが自信《じしん》に

ぼくは、アメリカのカリフォルニアで、小学生から高校生まで暮《く》らしていました。学校では、日本人やアジア人は、マイノリティ（少数派《しょうすうは》）でした。ぼくは、マジョリティ（多数派《たすうは》）のアメリカ人の中で、「どうすれば自分の価値《かち》を認《みと》めてもらえるのか」ということを、小学生のころからすごく考えていました。

アメリカは、「個性《こせい》」があれば認《みと》められる社会です。学校の友達《ともだち》に認《みと》めてもらうには、「個性《こせい》」を出さなくてはいけません。ぼくは、あまり目立つほうではありませんでしたが、スポーツにはかなり自信《じしん》がありました。

それで、大好《だいす》きなサーフィンやスノーボードをやるうちに、アメリカ人の友《とも》達《だち》にも認《みと》めてもらえるようになりました。そのときに、「人とちがうって大事だな」と感じ、大人になったいまも、「自分にしかできないことをやる」ということを大切にしています。

## 少数派《しょうすうは》の自然《しぜん》エネルギーで地球の環境《かんきょう》を守りたい

いま、ぼくは風や太陽光といった自《し》然《ぜん》の力で電気をつくり、電気を使う人に届《とど》ける会社を経営《けいえい》しています。電力会社の多くが、石炭や天然《てんねん》ガス、原子力などで電気をつくるのに対して、ぼくたちの会社は地球環境《かんきょう》にやさしい自《し》然《ぜん》エネルギーによる発電をしています。

この事業も、最初《さいしょ》は世の中に認《みと》めてもらえませんでした。なぜなら、日本では、限《かぎ》りある資源《しげん》や地球温暖化《おんだんか》の問題は、原子力発電にすれば解決《かいけつ》できると考えられていたからです。「自然《しぜん》エネルギーを広めよう」という考えは、すごくマイノリティ（少数派《しょうすうは》）で、ぼくたちが自然《しぜん》エネルギーに取り組み始めたころは、ほとんどの人が「そんなもの必要《ひつよう》ない」と思っていました。

　このような逆風《ぎゃくふう》にめげず、自然《しぜん》エネルギーの会社をやってこられたのは、小学生時代から「自分とちがう人にいかに認《みと》めてもらうか」を考え続《つづ》けた経《けい》験《けん》がいきているように思います。

## 打たれ強くて細かいことは気にしない

　ぼくは、いまの会社を立ち上げるまでに、いろいろと回り道をしました。二十三歳《さい》のときに世界中を旅して、「環境《かんきょう》問題が深刻《しんこく》だ」と気がつきましたが、何をしていいかわかりませんでした。二〇〇七年に風力発電の会社に就職《しゅうしょく》しましたが、日本では自然《しぜん》エネルギーが発展《はってん》せず、たくさんの壁《かべ》にぶつかりました。二十代のころは何をやってもうまくいかなかったのです。

　そんなぼくの人生を変《か》えたのは、東《ひがし》日本大震災《にほんだいしんさい》です。「自然《しぜん》エネルギーを増《ふ》やすことが社会貢献《こうけん》になる」ということを確信《かくしん》し、同じ会社で働《はたら》いていた仲間《なかま》と三人で、自然電力株式会社《しぜんでんりょくかぶしきがいしゃ》を設《せっ》立《りつ》したのです。このとき、ぼくは三十歳《さい》になっていました。

　社会人として、何ひとつ成功《せいこう》できなかったぼくが、自分がやりたい仕事で会社をつくれたのは、打たれ強い性格《せいかく》だったからかもしれません。失敗《しっぱい》しても、壁《かべ》にぶつかっても、すぐ忘《わす》れてしまうようなおおらかさは、「長所」なのかもしれませんね。

　ぼくは、問題が起こっても、目先の細かいことはあまり気にしません。先を見たり、明日のことを考えたりするので、なやんで落ちこむことが少ないのかもしれません。

## 人のせいにはしない すべては自分のせい

「たとえ失敗《しっぱい》しても、人のせいにしない」ということを、ぼくは大切にしています。渋沢栄一《しぶさわえいいち》という人が書いた『論語《ろんご》と算盤《そろばん》』という本の中に、「己《おのれ》を責《せ》めて人を責《せ》むるな」という徳川家康《とくがわいえやす》の言葉が出てきます。

「他人を責《せ》めてはいけない、責《せ》めるなら自分を責《せ》めなさい」という意味ですが、ぼくは二十八歳《さい》までそのことに気がつきませんでした。だから、自然《しぜん》エネルギーが広まらないのは、「国が悪い」「ほかの電力会社が悪い」と人のせいにしていました。

「よい波が立つ場所にはよい風が吹《ふ》くんですよ」と語る磯《いそ》野《の》さん。趣味《しゅみ》のサーフィンも風力発電の仕事にいきている。

でも、何度も同じ失敗《しっぱい》をくり返すうちに、「うまくいかないのは本当に他人のせい？」と疑問《ぎもん》を持ちました。そして気づいたのです。「うまくいかないなら、こうしよう」と、別《べつ》のやり方を考えなかった自分のせいではないかと。

自分のせいなら、自分が変《か》わるしかない！　そう気づいてから、人生がおもしろくなりました。

## 多様な人がいるからこそチームワークがうまくいく

ぼくは、細かいことを気にしない反面、目の前の細かいことをやるのが苦手で、これが短所といえます。たとえば、部屋をそうじしたり、片《かた》づけたりするのはへたです。

しかし、会社を始めてからわかったのですが、自分の苦手なことが得意《とくい》な人もいるのです。苦手なことは支《ささ》え合える。だからこそ、チームワークってすばらしいと思います。

ぼくたちの会社には若者《わかもの》だけでなく、六十～七十代の社員や、約《やく》二十か国からやってきたスタッフが働《はたら》いています。個性《こせい》もそれぞれちがうし、性格《せいかく》も多様です。多様な人がたくさん混《ま》じっているからこそ、会社としてのバランスが取れるのだと思っています。

言葉や文化がちがっても、相手を認《みと》めれば理解《りかい》し合うことができます。ぼくは、自分とちがう言語や文化の人と話すときは、「なぜ、この人はこう考えるのだろう」「なぜ、こう言っているのだろう」と、「なぜ」をたくさん考えます。そして、わからないことは相手に聞きます。

「なぜ」をそのままにせず、本人に聞いてみることは大切です。これは、みなさんがちがう個性《こせい》やちがう性格《せいかく》の人を理解《りかい》するときにも、役に立つ方法《ほうほう》だと思います。

## 話してハッケン！

アキ：わたしも、うまくいかないとき、人のせいにしちゃうことがある。

ソラ：えっ、アキちゃんが？　どんなときにそう思うの？

学校図書館で本を借《か》りる人が少ないのは、みんながゲームばかりしているからだとか。

え、ゲームもするけど、サッカーもするし、たまには本も読むよ。

うん。だからね、もっとみんなが来たくなる学校図書館にしたらいいんだと思って！

さすが図書委員！　どんなことをするのか、楽しみにしてるよ！

## 磯野《いその》さんからみなさんへ

いまはまだ早いかもしれませんが、高校生くらいになったら海外へ留学《りゅうがく》することをおすすめします。いろいろな世界を見て、言葉や文化のちがう人たちの中で過《す》ごすことで、自分の個性《こせい》や長所をのばすヒントが見つかると思います。

理学博士《りがくはくし》

# 広《ひろ》津《つ》崇《たか》亮《あき》さん

長所 好奇心《こうきしん》が強い、前向き

短所 変《か》わり者

# 「変《か》わり者の武器《ぶき》は人一倍の好奇心《こうきしん》」

## 線虫《せんちゅう》を使ったがん検診《けんしん》で早期発見をめざしたい

日本人の死因《しいん》でもっとも多いのは、男女ともに「がん」という病気です。わたしはいま、線虫《せんちゅう》という小さな生物を使って、がんかどうかを調べるがん検診《けんしん》の実用化をめざしています。

ある種類《しゅるい》の線虫《せんちゅう》は、がんにかかっている人の尿《にょう》のにおいを好《この》み、健康《けんこう》な人の尿《にょう》のにおいをきらう性質《せいしつ》があるので、尿《にょう》を一滴《いってき》取って、線虫《せんちゅう》が近づくか、遠ざかるかを見るだけで、がんかどうかが調べられるのです。

これまでのがん検診《けんしん》は、費用《ひよう》が高く、体への負担《ふたん》もありました。でも、線虫《せんちゅう》を使った検査《けんさ》なら、安くて手軽にできるので、より多くの人が受けられるようになり、がんの早期発見、早期の治《ち》療《りょう》が可能《かのう》になるはずです。

## プロフィール

1972年山口県《やまぐちけん》生まれ。大学生のころ線虫《せんちゅう》のにおいの好《す》ききらいが生み出されるしくみに興味《きょうみ》を持つ。現在《げんざい》は株式会社《かぶしきがいしゃ》HIROTSU《ヒロツ》バイオサイエンス社長。線虫《せんちゅう》によるがん検査《けんさ》「N-NOSE《エヌノーズ》」の実用化をはじめとする、病気診断技術《しんだんぎじゅつ》の研究開発をしている。

©HIROTSU BIO SCIENCE

体長約1ミリメートルの線虫《せんちゅう》の拡大《かくだい》写真。線虫《せんちゅう》は、科学的《かがくてき》な研究の実験《じっけん》用の生物として世界中で使われている。

## 好奇心《こうきしん》の強さが生んだ人にはできない独自《どくじ》の発想

わたしは、幼《おさな》いころから、いろいろなことに興味《きょうみ》がありました。星座《せいざ》や百人一首をすべて覚《おぼ》えたり、野球も好《す》きで、少年野球ではピッチャーをやったりもしました。好奇心《こうきしん》が強い、これはわたしの長所だと思っています。

好奇心《こうきしん》が強いと、よいことがあります。ふだんからいろいろな経験《けいけん》を積《つ》めるので、何か新しいことに立ち向かうときでも、ひるむことなく自信《じしん》を持って判断《はんだん》し、まわりの人とはちがう独自《どくじ》の発想ができるのです。

一方で、わたしは「変《か》わり者」だと言われます。いつも、人とはちがうことを考えているからかもしれません。これは、性格《せいかく》の面では短所かもしれませんが、仕事では大変《たいへん》役に立っているので、わたしは、自分の大事な個性《こせい》の一部だと思っています。

たとえば、わたしはもともと、大学の研究で、線虫《せんちゅう》をあつかっていました。

線虫《せんちゅう》はハエやネズミなどと同じく、実験《じっけん》のために使う生物なのですが、研究しているうちに、線虫《せんちゅう》がにおいに敏感《びんかん》なことに気がつきました。また、ちょうどそのころ、がんににおいがあることも知られていました。がんを探知《たんち》する「がん探知犬《たんちけん》」が話題になっていたのです。

そこでわたしは、犬ではなく線虫《せんちゅう》を使ったらどうだろうとひらめきました。犬より、線虫《せんちゅう》のほうがずっとあつかいやすいはずだからです。

## 一人よがりでいては周囲《しゅうい》の理解《りかい》は得《え》られない

一般的《いっぱんてき》に、「研究」というのは、すでに見出されていることを発展《はってん》させたり深めたりすることが多く、それはとても大事なことです。でもわたしは、何もないところから何かを見出すほうが好《す》き。そのほうが、自分の個性《こせい》に合っていると思うからです。

線虫《せんちゅう》を使ったがん検診《けんしん》は、世界初《せかいはつ》の考えでした。線虫《せんちゅう》を使って研究をすることはあっても、線虫《せんちゅう》の行動を利用《りよう》する発想は、それまでなかったのです。

ただ、わたしは、自分自身に言い聞かせていることもあります。それは、「常識《じょうしき》を疑《うたが》うことは大事だけれど、疑《うたが》えばいいってものではない」ということです。独自《どくじ》の発想をするのはよいことですが、まわりの理解《りかい》を得《え》られなければ、それは単《たん》なる一人よがりでしかありません。

おもしろいことを思いつくのと、それをうまく説明《せつめい》してまわりに共感《きょうかん》してもらうのとは、同じくらい大事なことです。新しい発想を、みんなにどう伝《つた》えたら受け入れてもらえるのか、わたしはいつも考えるようにしています。

### 他人《ひと》から見ると!?

**永溝《ながみぞ》はるかさん（広津《ひろつ》さんの会社の社員）**

広津《ひろつ》さんは、つねに前向きな人です。消極的《しょうきょくてき》になることはありません。用心に用心を重ねて行動することを「石橋をたたいてわたる」と言いますが、広《ひろ》津《つ》さんは、「石橋をたたいてどんな橋でもわたる」という性格《せいかく》の持ち主です。進むべき橋ならば、下調べを十分にして、たとえ難《むずか》しい橋だとしても「引き返す」という選択肢《せんたくし》は持たずにわたります。型《かた》にはまらず、自分の力で世界を切り開くタイプです。

「何もないところから何かを見出すことが好《す》き」と語る広津《ひろつ》さん。

## 前向きに取り組むことで協力者《きょうりょくしゃ》を増《ふ》やす

わたしは、前向きであることも、自分の長所だと思っています。

線虫《せんちゅう》を使ったがん検診《けんしん》を、わたしは日本中に広めようとしています。でもこれは、一人でできることではありません。新しい発想の実現《じつげん》には、これまでになかったしくみも、つくらなくてはいけないからです。それには、国や病院、自治体《じちたい》などの協力《きょうりょく》が必要《ひつよう》です。

わたしは、自分の独自《どくじ》な発想を、工《く》夫《ふう》しながらみなさんに伝《つた》え、共感《きょうかん》してくれる人や、協力《きょうりょく》してくれる人を増《ふ》やす努力《どりょく》をしています。うまくいかないときは、発想を変《か》えてやってみる。自分の思いが伝《つた》わり、協力関係《きょうりょくかんけい》が築《きず》けると、大きな喜《よろこ》びを感じます。

仕事は、お金を得《え》るためにするものですが、それだけではありません。自分が社会の役に立つことで、やりがいや生きがいを感じるものでもあるのです。

## 線虫《せんちゅう》の持つ可能性《かのうせい》でみんなの健康《けんこう》を支《ささ》えたい

わたしの会社では、現在《げんざい》さらなる研究を進めています。それは、体のどこががんにかかっているのかまでを、線《せん》虫《ちゅう》に見分けさせる研究です。また、将《しょう》来《らい》は、世界中の人に受けてもらえる検《けん》査《さ》になるよう、オーストラリアでも研究を進めています。今後は、アメリカやヨーロッパへも広げる予定です。

楽しい人生を送るための基本《きほん》は、まず健康《けんこう》であることです。だからわたしは、多くの人の健康《けんこう》を願《ねが》っています。

そして、がんに限《かぎ》らず、たとえ病気になったとしても、早期に発見できる技《ぎ》術《じゅつ》を開発し、そうした検《けん》査《さ》が手軽に受けられる社会をつくっていきたいと強く思っています。

## 話してハッケン！

ソラ：線虫《せんちゅう》って知ってた？　ぼくは知らなかった。

トモ：うん。においをかぎ分けるというのは知らなかったけどね。

ほかにも、人間が生物を利用《りよう》することってあるのかなあ。

はちみつはハチのおかげだし、絹《きぬ》糸《いと》はカイコのおかげだよ。

さすが昆虫博士《こんちゅうはかせ》！　意外と、人間の生活とも関係《かんけい》あるんだな。

うん。これから、もっとすごい技《ぎ》術《じゅつ》が生まれてくるかもね。

## 広津《ひろつ》さんからみなさんへ

きみは、個性的《こせいてき》と言われることがあるかな。それがもし「変《か》わり者」という意味だったとしても大《だい》丈夫《じょうぶ》。わたしもそうだから。少しくらいはみ出ていてもいいんだよ。あとは、はみ出たところをみんなに理解《りかい》してもらえばいいだけ。いまは好奇心《こうきしん》を持って、いろいろなことにチャレンジしてみよう。

鳥類学者《ちょうるいがくしゃ》

# 川《かわ》上《かみ》和《かず》人《と》さん

長所　興味津々《きょうみしんしん》、楽しく生きる

短所　器用貧乏《きようびんぼう》、あきっぽい

# 「長所短所は裏表《うらおもて》。どちらも楽しもう」

## ドキドキワクワクの連続《れんぞく》 冒険《ぼうけん》のような調査《ちょうさ》研究

ぼくは、鳥類学者《ちょうるいがくしゃ》です。専門《せんもん》は野外《やがい》鳥類学《ちょうるいがく》、つまり野外で鳥の生態調査《せいたいちょうさ》を行う研究です。おもに、島へ出かけて調査《ちょうさ》しています。

調査《ちょうさ》は楽しくて、ドキドキワクワクします。楽しいといっても、遊びではありません。仕事ですよ。でも、普通《ふつう》の人が行けないようなところへ行けるので、まるで冒険《ぼうけん》している気分になれるのです。

また、現地《げんち》で、それまでだれも見たことや聞いたことのないものを発見できるのも、大きな喜《よろこ》びです。見つけた瞬間《しゅんかん》は、「世界中でこれを知っているのは、ぼくだけだ！」という状態《じょうたい》ですからね。

そして、それをぼくは、論文《ろんぶん》や本に書いて発表します。読んでくれた人に「おもしろかった！」と言ってもらえたり、共感《きょうかん》してもらえたりしたら、それもまた格別《かくべつ》な喜《よろこ》びになります。

## 鳥類学者《ちょうるいがくしゃ》になったのはアニメ映画《えいが》のおかげ!?

いまは前向きに仕事をしているぼくですが、学生時代は鳥類学者《ちょうるいがくしゃ》になりたいとは、思っていませんでした。

では、何になりたかったかというと、何もない。じつは小学生のとき、自然《しぜん》との共生《きょうせい》を描《えが》いたアニメ映画《えいが》『風の谷のナウシカ』に感動したのですが、それを大学時代に思い出して、自然観察《しぜんかんさつ》のサークルに入り、初《はじ》めて双眼鏡《そうがんきょう》で鳥を見ました。それがきっかけで小笠原《おがさわら》諸島《しょとう》へ行ったことが、いまの仕事につくことにつながったのです。

ぼくの性格《せいかく》を一言《ひとこと》でいうと、「器用《きよう》貧乏《びんぼう》」です。器用《きよう》なので苦手なことが少なく、たいていのことは、ある程度《ていど》のレベルまでできます。でも、それ以《い》上《じょう》を、とことんやり通すことができま

## ★プロフィール★

1973年大阪府《おおさかふ》生まれ。農学博士《はくし》。森林総合《しんりんそうごう》研究所《けんきゅうじょ》（国立研究開発法人森林研究《こくりつけんきゅうかいはつほうじんしんりんけんきゅう》・整備《せいび》機構《きこう》）主任研究員《しゅにんけんきゅういん》として、野外鳥類学《やがいちょうるいがく》・島《とう》嶼生物学《しょせいぶつがく》を専門《せんもん》に活躍《かつやく》。小笠原諸島《おがさわらしょとう》をおもなフィールドにして、鳥類《ちょうるい》の生態調査《せいたいちょうさ》を行っている。

フィールドワーク※中の川上《かわかみ》さん。噴火《ふんか》のため、近づけない小笠原諸島《おがさわらしょとう》の西之島《にしのしま》にドローンを飛《と》ばし、鳥の繁殖状態《はんしょくじょうたい》を調べている。

※フィールドワーク……研究室外で行う調査《ちょうさ》・研究のこと。現地《げんち》を訪《おとず》れて研究対象《たいしょう》を直接観察《ちょくせつかんさつ》したり、テーマによっては関係者《かんけいしゃ》に聞き取りをしたりもする。

せん。要《よう》するに、あきっぽいんですね。こう考えると短所です。そういえば、まわりの大人たちからも、よくあきっぽいと言われました。

何かやっていると、ほかのことに興《きょう》味《み》が移《うつ》り、そっちをやってみたくなる。だから、「得意技《とくいわざ》」がなかなかつくれなかったんですね。

## 短所を生かして自分らしい研究をする

「長所と短所は裏表《うらおもて》の関係《かんけい》」と言われます。短所も見方を変《か》えれば、長所になり得《え》るという意味です。ぼくも自分の器用貧乏《きようびんぼう》な性格《せいかく》を、単《たん》なる短所とはとらえていません。たくさんのことに興味《きょうみ》を持ち、器用《きよう》にいろいろな分野にかかわることで、知人が多くなり、多くの人の助けを得《え》られやすくなります。

たとえば、小笠原諸島《おがさわらしょとう》で鳥を調べていたときのこと。鳥のフンの中に消化されていないカタツムリが見つかりました。鳥に食べられたのに、フンの中に姿《すがた》をとどめていたのです。カタツムリ学者はこれを見て、「生きたままフンから出てきてもおかしくない」と言いました。ぼくはとても興味《きょうみ》を持ち、カタツムリ学者といっしょに研究を始めました。

それはノミガイというカタツムリで、調べると本当に約《やく》十五パーセントが生きたままフンに混《ま》ざり、生きたままフンから出てくることがわかり、おどろきました。ノミガイは、こうして住む場所を広げていたのです。離《はな》れ小島に、飛《と》べないカタツムリがいる理由のひとつがわかりました。

いっしょに研究する人がいたことで、一人では出せない成果《せいか》が得《え》られました。また、鳥だけの研究にこだわらず、興《きょう》味《み》のわいたノミガイを調べたことで、鳥をとりまく生物の関係性《かんけいせい》について、ひとつ解《と》き明かすことができました。

ぼくのように、研究対象《たいしょう》をあちこちに広げると、専門性《せんもんせい》は低《ひく》くなりますが、いろいろな現象《げんしょう》の共通点《きょうつうてん》や相違点《そういてん》が見つかりやすくなります。すると、広い視野《しや》で、たとえば、生物の進化についての物語などを組み立てることができるんです。これは、器用貧乏《きようびんぼう》をいかしたぼくの得意《とくい》分野といえます。

## あきっぽくても大丈夫《だいじょうぶ》 想像力《そうぞうりょく》を養《やしな》おう

三日坊主《ぼうず》などといわれる、あきっぽい人もいるでしょう。そんな人に言い

フィールドワークで見つけた「セグロミズナギドリ」の剥製《はくせい》を手にした川上《かわかみ》さん。研究の結果《けっか》、鳥名が変《か》わることもあるという。

ます。気にしなくて大丈夫《だいじょうぶ》。ぼくが保《ほ》証《しょう》します。ただし注意点がひとつあります。進路の選択《せんたく》をするときのために、想像力《そうぞうりょく》を養《やしな》っておきましょう。「こっちの道を選《えら》んだら自分はどうなるかな?」「別《べつ》の道を選《えら》んだらどうなるだろう?」と、予想できるようになりましょう。

想像力《そうぞうりょく》を養《やしな》うよい方法《ほうほう》は、日ごろから何にでも疑問《ぎもん》を持ち、その答えを考えることです。

「なぜ葉は緑色なのか?」「なぜカキの実には、甘《あま》いのとしぶいのがあるのか?」というように、何でもいいので、はっきりした答えのない疑問《ぎもん》でも、自分なりにあれこれ考えることが大事なのです。

## 仕事は楽しく真剣《しんけん》にでも深刻《しんこく》にはならない

楽しく仕事ができるのは、ぼくの長所といえるかもしれません。

世の中、自分の力ではどうにもならないことがたくさんあります。調査《ちょうさ》をしていても、天気が荒《あ》れて船が出ないなんてことはしょっちゅうです。調査《ちょうさ》地点《ちてん》でがけくずれが起きたり、火山が噴火《ふんか》して溶岩《ようがん》でうまったりしたこともあります。

でも、そんなときに、おこったりなやんだりしてもしょうがないのです。ぼくは真剣《しんけん》に仕事はしても、深刻《しんこく》にはならないようにしています。

人にいやなことを言われたときも同じです。おこると、ますます自分が不《ふ》愉快《ゆかい》になるだけなので損《そん》です。水に流して、さっさと別《べつ》のことをしたほうが、時間のむだになりません。

ぼくはこれからも、自分が興味《きょうみ》を持ったテーマはどんどん研究し、それを発表して、楽しく仕事をしていこうと思います。

## 話してハッケン!

ユイ「すぐいろんな子と仲《なか》よくなるから、八方美人《はっぽうびじん》って言われちゃう。」

トモ「それだけ、人のいいところを見てるってことじゃない?」

ソラ「それだけ、すてきな人がまわりにいるってことじゃない?」

ユイ「そっかあ。悪いことなのかと思ってたけど、気にしないでおこっと。」

## 読んでみよう!

### 『鳥類学者《ちょうるいがくしゃ》だからって、鳥が好《す》きだと思うなよ。』

鳥類学者だからって、鳥が好きだと思うなよ。
川上和人

鳥類学者《ちょうるいがくしゃ》に必要《ひつよう》なのは体力!? 出張先《しゅっちょうさき》は火山に、ジャングル、無人島《むじんとう》……。川上《かわかみ》さんといっしょに冒険《ぼうけん》しているような気持ちになれる1冊《さつ》。

川上和人著/新潮社

## 川上《かわかみ》さんからみなさんへ

みなさん、これからの人生には、思いがけないことがいろいろ起こると思います。でも、楽しくやりましょう。やりたいことも、どんどんやりましょう。人に何か言われても、必要以上《ひつよういじょう》に気にしなくていいんですよ!

# 性格《せいかく》や特徴《とくちょう》を表す言葉・表現《ひょうげん》②

長所・短所を見つけよう！

個性《こせい》や人の特徴《とくちょう》を表す言葉・表現《ひょうげん》は、たくさんあります。自分や友達《ともだち》の長所・短所を考えたり、物語の登場人物の性格《せいかく》を考えたりする際《さい》に、参考《さんこう》にしてみましょう。

## か

外交的《がいこうてき》
顔が広い
顔に出る
がさつ
飾《かざ》らない
賢《かしこ》い
賢《かしこ》がる
家族思い
かたくな
堅苦《かたくる》しい
片《かた》づけがうまい
型《かた》にはまらない
堅物《かたぶつ》
勝気《かちき》
かっこいい
勝手気まま
かっとなる
活動的《かつどうてき》
活発
家庭的《かていてき》
がまん強い

がむしゃら
がめつい
寡黙《かもく》
辛口《からくち》
からっとした
空返事《からへんじ》をする
かりかりする
軽はずみ
かわいげがある
変《か》わり者
考えが浅《あさ》い
考えが深い
考えすぎ
考え抜《ぬ》く
勘《かん》ぐり深い
頑固《がんこ》
感受性《かんじゅせい》が強い
感傷的《かんしょうてき》
感情的《かんじょうてき》
感性豊《かんせいゆた》か
勘違《かんちが》いがはげしい
堪忍《かんにん》強い
がんばり屋

完璧主義《かんぺきしゅぎ》
寛容《かんよう》

## き

生一本《きいっぽん》
気後《きおく》れする
機械的《きかいてき》
気が大きい
気が利《き》く
気が小さい
気がつく
気が強い
気が短い
聞き上手
聞き分けがよい
気配り上手
聞く耳を持たない
ぎこちない
気骨《きこつ》のある
気障《きざ》
気さく
気丈《きじょう》
疑心暗鬼《ぎしんあんき》

傷《きず》つきやすい
偽善的《ぎぜんてき》
毅然《きぜん》とした
規則《きそく》正しい
気立てがいい
几帳面《きちょうめん》
きちんとしている
きっちりしている
機転《きてん》が利《き》く
喜怒哀楽《きどあいらく》がわかりやすい
気取り屋
気にしない
きびきびしている
厳《きび》しい
気品がある
機敏《きびん》
気分屋
気前がいい
気まぐれ
生真面目《きまじめ》
気まま
気むずかしい
決めつけない

肝《きも》が大きい
肝《きも》が据《す》わる
気安い
客観的《きゃっかんてき》
逆境《ぎゃっきょう》にめげない
ギャップのある
キュート
器用《きよう》
強圧的《きょうあつてき》
共感《きょうかん》する
行儀《ぎょうぎ》のよい
強制的《きょうせいてき》
競争心《きょうそうしん》が強い
兄弟思い
協調性《きょうちょうせい》がある
器用貧乏《きようびんぼう》
興味津々《きょうみしんしん》
協力的《きょうりょくてき》
虚勢《きょせい》をはる
許容範囲《きょようはんい》が広い
気弱
気楽
切りかえが早い

※46〜47ページは、自由にコピーしてお使いいただけます。あ行は1巻《かん》「スポーツで輝《かがや》く」に、さ行は3巻《かん》「人を楽しませる」に、た行からは行は4巻《かん》「伝統《でんとう》に生きる」に、ま行からわ行は5巻《かん》「いのちを守る」に掲載《けいさい》しております。

義理堅《ぎりがた》い
規律《きりつ》を守る
器量《きりょう》がある
きれい好《ず》き
気をつかう
気を抜《ぬ》く
緊張《きんちょう》しない
緊張《きんちょう》しやすい
勤勉《きんべん》

## く

食い意地《いじ》をはる
食いしん坊《ぼう》
空気を読む
空想家
ぐうたらする
クール
くさらない
くじけない
ぐずぐずする
具体的《ぐたいてき》
ぐだぐだする
くだけた
口うるさい
口がうまい
口が重い
口が堅《かた》い
口が軽い
口が達者《たっしゃ》
口が減《へ》らない
口が悪い
口ぎたない
愚痴《ぐち》っぽい
口べた
屈託《くったく》ない
くどい
工夫《くふう》する
悔《くや》しがり
くよくよする
暗い
くらべる
グルメ
苦労性《くろうしょう》
食わずぎらい

## け

計画的《けいかくてき》
芸《げい》が細かい
計算高い
形式的《けいしきてき》
芸術的《げいじゅつてき》センスがある
継続《けいぞく》する
軽率《けいそつ》
軽薄《けいはく》
けじめがある
気高い
けち
決断力《けつだんりょく》がある
潔癖《けっぺき》
健気《けなげ》
下品
喧嘩《けんか》早《ばや》い
元気がある
謙虚《けんきょ》
言行一致《げんこういっち》
健康的《けんこうてき》
見識《けんしき》がある
堅実《けんじつ》
現実的《げんじつてき》
倹約家《けんやくか》

## こ

小悪魔《こあくま》
強引《ごういん》
狡猾《こうかつ》
厚顔《こうがん》
好奇心《こうきしん》が旺盛《おうせい》
攻撃的《こうげきてき》
剛柔《ごうじゅう》
厚情《こうじょう》
向上心がある
剛直《ごうちょく》
行動力がある
傲慢《ごうまん》
公明正大《こうめいせいだい》
声が通る
ここ一番に強い
孤高《ここう》
心が広い
心配りがある
小賢《こざか》しい
腰《こし》が重い
腰《こし》が強い
腰《こし》が低い
個人《こじん》プレーに走る
小ずるい
個性的《こせいてき》
こだわらない
こだわりが強い
ご都合主義《つごうしゅぎ》
コツコツやる
こてこてな
言葉じりをとらえる
言葉少な
言葉づかいがきれい
子ども好《ず》き
子どもっぽい
子どもらしい
小生意気《こなまいき》
こなれた
小にくい
こねくり回す
ごねる
好《この》みにうるさい
小ばかにする
こびる
細かい
ごまかす
こまごました
ごますり
こまっちゃくれ
小まめ
コミュニケーションが得意《とくい》
凝《こ》り性《しょう》
こりない
怖《こわ》い・恐《こわ》い
恐《こわ》いものなし
怖《こわ》がり・恐《こわ》がり
根気強い
根性《こんじょう》がある

## このシリーズに登場する人の 人物名五十音順《じんぶつめいごじゅうおんじゅん》さくいん


**あ**
- 阿萬野礼央《あまのれお》さん ↓5巻 18ページ
- 荒木哲郎《あらきてつろう》さん ↓3巻 18ページ
- 井桁容子《いげたようこ》さん ↓5巻 14ページ
- 石川祐希《いしかわゆうき》さん ↓1巻 14ページ
- 磯野謙《いそのけん》さん ↓2巻 34ページ
- 伊藤博之《いとうひろゆき》さん ↓2巻 18ページ
- 井本直歩子《いもとなおこ》さん ↓5巻 30ページ
- 井山裕太《いやまゆうた》さん ↓4巻 6ページ
- 植田育也《うえたいくや》さん ↓5巻 6ページ
- 大神雄子《おおがゆうこ》さん ↓1巻 38ページ
- 大久保有加《おおくぼゆか》さん ↓4巻 30ページ
- 大前光市《おおまえこういち》さん ↓3巻 26ページ
- 小川三夫《おがわみつお》さん ↓4巻 42ページ
- 尾上松也《おのえまつや》さん ↓4巻 22ページ

**か**
- 垣内俊哉《かきうちとしや》さん ↓2巻 22ページ
- 柏原竜二《かしわばらりゅうじ》さん ↓1巻 26ページ
- 片桐《かたぎり》はいりさん ↓3巻 30ページ
- 加藤祐一《かとうゆういち》さん ↓5巻 22ページ
- 上川《かみかわ》あやさん ↓2巻 26ページ
- 川上和人《かわかみかずと》さん ↓2巻 42ページ
- 木村敬一《きむらけいいち》さん ↓1巻 22ページ
- 倉橋香衣《くらはしかえ》さん ↓1巻 30ページ
- 栗山英樹《くりやまひでき》さん ↓1巻 6ページ
- 黒﨑伸子《くろさきのぶこ》さん ↓5巻 34ページ
- 小岩井《こいわい》カリナさん ↓4巻 34ページ

**さ**
- 里見香奈《さとみかな》さん ↓4巻 10ページ
- 志村洋子《しむらようこ》さん ↓4巻 38ページ

**た**
- 末次由紀《すえつぐゆき》さん ↓3巻 10ページ
- 妹島和世《せじまかずよ》さん ↓2巻 30ページ
- 髙梨沙羅《たかなしさら》さん ↓1巻 10ページ
- 高橋智隆《たかはしともたか》さん ↓2巻 10ページ
- 立川志《たてかわし》らくさん ↓4巻 26ページ
- 田中佑典《たなかゆうすけ》さん ↓1巻 18ページ
- 田村恵子《たむらけいこ》さん ↓5巻 10ページ
- 千野麻里子《ちのまりこ》さん ↓4巻 18ページ
- 塚田真希《つかだまき》さん ↓1巻 42ページ
- 津森千里《つもりちさと》さん ↓3巻 38ページ
- 徳田竜之介《とくだりゅうのすけ》さん ↓5巻 38ページ

**な**
- 中西和嘉《なかにしわか》さん ↓2巻 14ページ
- 根本《ねもと》かおるさん ↓5巻 26ページ

**は**
- 日野之彦《ひのこれひこ》さん ↓3巻 42ページ
- ヒャダインさん ↓3巻 6ページ
- 廣瀬隆喜《ひろせたかゆき》さん ↓1巻 34ページ
- 広津崇亮《ひろつたかあき》さん ↓2巻 38ページ
- ぺえさん ↓3巻 22ページ

**ま**
- 御園井裕子《みそのいゆうこ》さん ↓4巻 14ページ
- 三ツ橋敬子《みつはしけいこ》さん ↓3巻 14ページ
- 南海音子《みなみみねこ》さん ↓2巻 6ページ

**や**
- 山口勝平《やまぐちかっぺい》さん ↓3巻 34ページ

**わ**
- 和田博幸《わだひろゆき》さん ↓5巻 42ページ


## このシリーズに登場する人の 職業名五十音順《しょくぎょうめいごじゅうおんじゅん》さくいん


**あ**
- アニメーション監督《かんとく》 ↓3巻 18ページ
- 囲碁棋士《いごきし》 ↓4巻 6ページ
- ウィルチェアーラグビー選手《せんしゅ》 ↓1巻 30ページ
- 織物職人《おりものしょくにん》 ↓4巻 34ページ
- 音楽クリエイター ↓3巻 6ページ

**か**
- 画家 ↓3巻 42ページ
- 化学者 ↓2巻 14ページ
- 花道家《かどうか》 ↓4巻 30ページ
- 歌舞伎俳優《かぶきはいゆう》 ↓4巻 22ページ
- 看護師《かんごし》 ↓5巻 10ページ
- 機動救難士《きどうきゅうなんし》 ↓5巻 18ページ
- 経営者《けいえいしゃ》 ↓2巻 22ページ
- 建築家《けんちくか》 ↓2巻 30ページ
- 国際NGO《こくさいエヌジーオウ》メンバー ↓5巻 34ページ
- 国連職員《こくれんしょくいん》 ↓5巻 26ページ

**さ**
- 指揮者《しきしゃ》 ↓3巻 14ページ
- 自然《しぜん》エネルギー開発《かいはつ》 ↓2巻 34ページ
- 実業家 ↓2巻 18ページ
- 獣医師《じゅういし》 ↓5巻 38ページ
- 柔道家《じゅうどうか》 ↓1巻 42ページ
- 樹木医《じゅもくい》 ↓5巻 42ページ
- 小児科医師《しょうにかいし》 ↓5巻 6ページ
- 女流棋士《じょりゅうきし》 ↓4巻 10ページ
- スキージャンプ選手《せんしゅ》 ↓1巻 10ページ
- 声優《せいゆう》 ↓3巻 34ページ
- 染織家《せんしょくか》 ↓4巻 38ページ

**た**
- 体操選手《たいそうせんしゅ》 ↓1巻 18ページ
- タレント ↓3巻 22ページ
- ダンサー ↓3巻 26ページ
- 地方議員《ちほうぎいん》 ↓2巻 26ページ
- 鳥類学者《ちょうるいがくしゃ》 ↓2巻 42ページ
- 杜氏《とうじ》 ↓4巻 18ページ

**は**
- ハイパーレスキュー隊員《たいいん》 ↓5巻 22ページ
- 俳優《はいゆう》 ↓3巻 30ページ
- パラ水泳選手《せんしゅ》 ↓1巻 22ページ
- ファッションデザイナー ↓3巻 38ページ
- プロバレーボール選手《せんしゅ》 ↓1巻 14ページ
- プロ野球監督《かんとく》 ↓1巻 6ページ
- ボッチャ選手《せんしゅ》 ↓1巻 34ページ

**ま**
- マンガ家 ↓3巻 10ページ
- 宮大工棟梁《みやだいくとうりょう》 ↓4巻 42ページ
- 元プロバスケットボール選手《せんしゅ》 ↓1巻 38ページ
- 元保育士《ほいくし》 ↓5巻 14ページ
- 元陸上競技選手《りくじょうきょうぎせんしゅ》 ↓1巻 26ページ

**や**
- ユニセフ職員《しょくいん》 ↓5巻 30ページ

**ら**
- 落語家《らくごか》 ↓4巻 26ページ
- 理学博士《りがくはくし》 ↓2巻 38ページ
- ロケット開発者 ↓2巻 6ページ
- ロボットクリエイター ↓2巻 10ページ

**わ**
- 和菓子職人《わがししょくにん》 ↓4巻 14ページ

監修 **田沼 茂紀**（たぬま・しげき）

新潟県生まれ。上越教育大学大学院学校教育研究科修了。國學院大學人間開発学部長。専攻は道徳教育、教育カリキュラム論。川崎市公立学校教諭を経て、高知大学教育学部助教授、同学部教授、同学部附属教育実践総合センター長。2009 年より國學院大學人間開発学部初等教育学科教授。2017 年 4 月より現職。日本道徳教育学会理事、日本道徳教育方法学会理事、日本道徳教育学会神奈川支部長。

おもな単著、『心の教育と特別活動』、『道徳科で育む 21 世紀型道徳力』（いずれも北樹出版）。

その他の編著、『やってみよう！新しい道徳授業』（学研教育みらい）、『「特別の教科道徳」授業＆評価完全ガイド』（明治図書出版）、『道徳科授業のつくり方』（東洋館出版社）、『道徳科授業のネタ＆アイデア 100』小学校編・中学校編（明治図書出版）など多数。

●編集・制作　株式会社スリーシーズン
●写　真　布川航太／竹下アキコ／清水紘子
●写真協力　国立研究開発法人 宇宙航空研究開発機構（JAXA）／株式会社ロボ・ガレージ／国立研究開発法人 物質・材料研究機構（NIMS） 国際ナノアーキテクトニクス研究拠点（WPI － MANA）／クリプトン・フューチャー・メディア株式会社／株式会社ミライロ／長島可純／妹島和世建築設計事務所／ SANAA ／自然電力株式会社／株式会社 HIROTSU バイオサイエンス／国立研究開発法人 森林研究・整備機構 森林総合研究所
●表紙イラスト　ヤマネアヤ
●本文イラスト　にしぼりみほこ
●執　筆　入澤宣幸／江橋儀典／加茂直美／沢辺有司
●装丁・デザイン　金井 充／伏見 藍（Flamingo Studio,Inc.）

# 個性ハッケン！
# 50人が語る長所・短所
## 2．未来をつくる

発　行　2018 年 9 月　第 1 刷
監　修　田沼 茂紀
発行者　長谷川 均
編　集　松原 智徳
発行所　株式会社　ポプラ社
〒 160-8565　東京都新宿区大京町 22-1
電話　03-3357-2212（営業）　03-3357-2635（編集）
ホームページ　www.poplar.co.jp
印刷・製本　共同印刷株式会社

ISBN 978-4-591-15982-8　N.D.C.159　48p　27cm　Printed in Japan

# 個性《こせい》ハッケン！

全《ぜん》5巻《かん》

## —50人《にん》が語《かた》る長所《ちょうしょ》・短所《たんしょ》—

監修　田沼茂紀

## ❶ スポーツで輝《かがや》く

プロ野球監督《やきゅうかんとく》、スキージャンプ選手《せんしゅ》、
プロバレーボール選手《せんしゅ》、体操選手《たいそうせんしゅ》 など

## ❷ 未来《みらい》をつくる

ロケット開発者《かいはつしゃ》、ロボットクリエイター、
化学者《かがくしゃ》、実業家《じつぎょうか》 など

## ❸ 人《ひと》を楽《たの》しませる

音楽《おんがく》クリエイター、マンガ家《か》、指揮者《しきしゃ》、
アニメーション監督《かんとく》 など

## ❹ 伝統《でんとう》に生《い》きる

囲碁棋士《いごきし》、女流棋士《じょりゅうきし》、和菓子職人《わがししょくにん》、
杜氏《とうじ》、歌舞伎俳優《かぶきはいゆう》 など

## ❺ いのちを守《まも》る

小児科医師《しょうにかいし》、看護師《かんごし》、元保育士《もとほいくし》、
機動救難士《きどうきゅうなんし》 など

★小学中学年以上向け　★オールカラー
★ AB 判　★各 48P　★ N.D.C.159
★図書館用特別堅牢製本図書